미친 군수와
삽질하는 공무원

미친 군수와 삽질하는 공무원

초판 1쇄 발행 2023년 12월 30일

지은이   박진우
펴낸이   이세연
편 집   최은정
디자인   유혜현(본문)
        서승연(표지)
제 작   npaper

펴낸곳   도서출판 혜윰터
주 소   (04091) 서울특별시 마포구 토정로 222 한국출판콘텐츠센터 301-1호

ⓒ 박진우, 2023
사진 ⓒ 신안군
ISBN 979-11-980161-8-8   03350

씨뿌릴 미 穊
베 풀 친 嚫

미친 군수와
삽질하는
공무원

박진우 지음

혜윰터

섬에서 태어났으나 내가 살던 섬은 너무 커서 섬이라는 것을 인지하지 못했다.

청년이 되면서 섬의 역사를 조금씩 알기 시작했다. 세계적인 관광지라고 불리는 제주의 역사는 치열했고, 수많은 문화적 충돌 과정을 거쳐 오늘의 모습으로 태어났음을 알았다.

인류가 지속되기 위해서는 많은 실천이 필요하다. 세계 정상들과 과학자들이 국가와 지방자치단체가 모두 하나 된 마음으로 실천에 힘써야 하는 시점이라고 주장하지만, 움직임은 더디기만 하다.

신자유주의를 넘어 주민 참여를 통한 공동체주의를 지향해야 한다. 자본의 독식을 이익공유제로 전환하고, 과밀 관광이 아닌 수용 가능한 관광객을 유지하여 정주자定住者의 쾌적성과 방문객의 휴식을 보장해야 한다.

나무를 베는 정책에서 나무를 식재息災하는 정책으로의 전환을 통해 녹색 도시로 거듭나야 주민들의 기본적인 생활을 위한 기본소득 보장이 이루어지며 나아가 삶에 지친 마을에 문화를 꽃피워야 지속가능성을 담보할 수 있다.

이 책은 인구 4만 명이 채 되지 않는 지방자치단체의 여러 섬에서 지속가능성을 위해 실천하는 현장을 발로 다니며 목격하고 확인한 결실에 대한 산출물이다.

신안의 섬들은 잠들었던 지난 2천 년의 침묵에서 깨어나 새로운 천 년을 맞이할 혁명을 준비한다.

신안의 섬은 한때 육지였을 것이다. 그랬던 땅이 빙하기에서 간빙기를 거쳐 바다 위에 서 있는 섬이 되었고, 그 섬에서 문화는 피어났다. 그래서 섬 곳곳에 세워진 고인돌과 백제의 고분 문화는 더욱 소중하다.

조선 시대 때 공도정책으로 사람들이 섬에서 쫓겨났는데 이후 해적들의 거주 방지와 가축 사육, 소금 생산 등을 위해 다시 섬으로 들어갔다. 생존을 위해 또는 세상과 등지기 위해 섬으로 간 사람들도 있다. 육지에서 죄를 짓고 섬으로 도망친 사람, 중앙정치 정쟁에서 쫓겨난 지식인들도 섬으로 갔다. 그렇게 모여 섬에서 또 다른 사상과 문화가 태어났고 오늘날 새로운 역사를 창조해냈다.

환경활동가로 제주에서 생활하던 시절 제주 관광 사업이 지속가능하려면 환경을 지켜내야 한다고 주장했다. 나무를 심어야, 모래 언덕인 사구를 지켜야, 해안선을, 경관을 보호해야 한다고 외쳤으나 파괴가 더 빨랐다.

섬에 자라는 나무들이 수난당하던 시기가 있었다. 섬사람들은 생존을 위해 나무를 잘랐고, 국가는 권력을 유지하기 위해 나무를 잘랐다. 고려도, 조선도, 일본 제국주의도, 대한민국도 섬의 나무를 잘랐다.

21세기에 들어서자 섬에 나무를 심는 사람들이 나타났다. 바로 지구 온난화 시대를 넘어 지구 열대화 시대로 기후 위기가 진행되는 것을 막기 위해 부지런히 삽질하는 공무원들이다. 이대로 멈추지 않는다면, 향후 섬 후손들의 미래는 풍요로울 것이다.

섬에 대한 정책 보고서임에도 섬을 정밀하게 분석하지 못했다.

섬의 지속가능성을 위해 사업을 추진한 전라남도의 가고 싶은 섬, 충청남도의 가보고 싶은 섬, 경상남도의 살고 싶은 섬 등에 대한 정책들이 나오고 있지만 분석하지 못했다.

신안군청과 유관 기관에 정보공개를 청구했지만, 기록물 대부분이 '부존재'하였다. 생산된 기록물이 기록물관리법에 따라 체계적으로 관리가 안 되고 있어 마음이 무겁다. 어떻든 각 정책별 이력을 꼼꼼히 점검하지 못한 한계는 저자의 역량 부족이라 많이 부끄럽기에 독자들의 날카로운 지적을 받고자 한다. 여러분의 소중한 의견이 [ecopeace4@gmail.com]로 도착하길 기대한다.

꽃과 나무를 심기 위해 버려진 땅을 개간하는 것은 오롯이 주민들의 울력으로 이루어졌다. 효율과 이윤 극대화에만 매몰되어 있는 최첨단 자본주의 시대에도 불구하고 섬사람들의 문화와 노력으로 이루어낸 위대한 성과다.

미친穈嚘(씨 뿌리고 베푸는) 군수는 섬에 거주하는 이들에게 신안군의 정책 사업은 세계 각국의 정상이 합의하고 추진해가고자 하는 지속가능한 도시로의 변신을 의미하며, 정책이 안정화될 경우 가구당 6천만 원의 연봉이 가능하다는 청사진을 제시했다. 산업혁명 이후 지금까지 추진해온 방식과는 전혀 다른 방식의 사업이 낙도에서 벌어지고 있다.

섬에 향기가 가득하다. 휴식과 사색, 그리고 미래를 꿈꾸는 사람들이여 신안의 섬으로 가라.

기후 위기를 걱정하는 환경운동가, 관광정책을 구상하는 공무원, 22세기를 구상하는 정책 입안자들이여 섬으로 가서 두 발로 걸으며 온몸으로 확인해보길 제안한다.

책이 나오기까지 많은 분께 도움을 받았다.

먼저 일평생 수집한 창작 작품의 기증 과정을 설명해준 기증자 여러분께 감사의 마음을 전한다.

여러 부서의 자료 협조와 현안을 조정해준 박수정, 서용락, 강성환 기획의회 팀장님, 행정팀 유용현 선생님, 일정과 자료를 챙긴 최봉훈, 김희창 선생님 도움 없이는 어려운 작업이었다.

환경운동을 30여 년 동안 함께해온 목포의 김경완 (사)동아시아 갯벌연구 소장은 신안의 상황을 확인해주었고, 대구의 박명순 선생과 보리아트 이수진 작가는 책에 소개된 정책 현장을 두 발로 걸으며 점검해주었다. 부족한 원고를 일일이 읽으며 검토하고 출판에 힘써주신 혜윰터 이세연 대표와 최은정 편집장, 계약을 진행해준 전략그룹나무 강원구 책임 컨설턴트께도 두 손 모아 감사의 마음을 전한다.

  떠나고 싶은 섬에서 살고 싶은 섬, 가고 싶은 섬이 되기 위해 섬 주민들은 공동체 정신을 살려 울력으로 몸과 마음을 하나로 모으고 있다.

  공무원들은 나무 밑에서 삽질을 하거나 나무 심을 땅을 사러 동네를 두리번거리며 다니고 있다.

  천 년 먹거리를 위해 녹색 혁명을 추진하고 있는 미친 철학가 박우량 군수와 함께 온몸으로 실천하는 신안의 혁명가들에게 깊은 경의를 표한다.

2023. 12. 신안의 섬

자은도 양산해안사구에서

차례

2부 신안의 혁명

1부

신안의 생명

섬마다 향기가 가득한 꽃의 천국

꽃으로 모두가 행복해지는 꽃의 천국^{Flopia=Flower+Utopia} 꽃 정원을 섬마다 조성한다.

신안군의 관문인 목포와 연결되는 압해도와 암태도는 겨울꽃을 심고, 신안 북부지역으로 무안과 가까운 섬 임자도와 증도, 지도, 자은도는 봄꽃을, 신안 중부권 도초도와 비금도는 여름꽃을, 제주도와 중국과도 가까운 남부권 하의도와 장산도, 신의도는 가을꽃을 중심으로 식재하였다. 신안의 다이아몬드 제도^{諸島}(섬 무리) 안 여러 섬에 사계절 꽃의 향연이 펼쳐진다. 신안군 행정 여객선 이름 또한 플로피아^{Flopia}호다.

신안군은 2018년부터 6개년 계획으로 500억 원을 투입하여 '사계절 꽃피는 바다 위 꽃 정원(섬 정원화)' 사업을 추진하고 있다. 우리나라에서 진행되는 관급 공사 사업 하나에 투입되는 비용 정도지만 신안군은 500억 원 예산으로 바다 위에 있는 섬마다 사계절 꽃이 피는 꽃정원을 만들어가는 중이다.

육지에 있는 나무들이 겨울바람을 이겨내기 위해 꽃망울을 움츠리고 있을 때 압해도는 5만 평 분재정원에 식재된 2만여 그루의 애기동백이 붉은 낱꽃을 활짝 피운다. 함박눈이 하염없이 내리는 날 1004섬 분재정원은 한 폭의 그림 속에 500여 개체의 동박새가 날아들어 방문객을 반기는데, 하얀 눈 속에 3㎞의 붉은 애기동백꽃 길과 하나가 된다.

1996년 봄 압해도 최고봉인 송공산(234m)에 큰불이 났다. 민둥산이 되어 버린 송공산에 산림을 다시 조성하는 데 산림청은 벚나무와 소나무 식재를 권했다. 신안군 생각은 달랐지만, 민둥산에 나무를 심기 위해서는 예산 편성의 주체이자 전문가 집단이라는 산림청의 권고를 따를 수밖에 없었다.

2004년 3월 산림청의 '도서 참살이well-being 숲 조성' 공모 사업에 응모하여 송공산에 난대림과 꽃나무로 조성하는 꽃 공원flower-park 사업으로 선정되었고, 이후 '산림경영 모범model 숲' 사업으로 변경하여 애기동백 2천 그루, 벚나무 산딸나무 등을 심어 정원으로 변신하게 된다. 이 과정에서 퇴직한 백상록 전前 압해읍장의 분재공원 제안과 백 읍장이 가꾼 분재 100여 점의 기증 약속을 통해 '송공산 분재생태공원'으로 탄생했다.

경매에서 12억 원에 낙찰받은 2천 년 된 주목 분재

    정원 탄생 후 일이 잘 풀리기 시작했다. 한국 분재의 거목이자 우리나라 분재학 박사 1호인 최병철 씨가 분재 200여 점을 기증하였다. ㈜모베가 아프리카 짐바브웨Zimbabwe 쇼나Shona 부족의 기법으로 만든 돌조각 작품도 기증했다. 2014년 애기동백 1천 주, 2019년 애기동백 1만 7천 주 등 이렇게 식재한 면적이 13.7ha(헥타르)에 애기동백 2만 그루, 아기 범부채Crocosmia 200만 본을 보유했다.

    2020년에는 국세청 경매를 통해 294점의 분재를 낙찰받았는데 이 중에는 '살아 천 년, 죽어 천 년'이라는 명품 주목 3주도 포함되었다.

1959년 한라산에서 떠나온 1500살 된 주목과 일본 북해도에서 온 1,800살과 2,000살이 되는 살아 있는 화석 등 세 점도 확보하여 명실상부한 거대 분재정원이 된 것이다.

　신안군에서는 감정가 120억 원에 달하는 분재를 일괄 매각하는 경매에서 여섯 차례의 유찰을 지켜보며 참여하였고, 당시 신안군의회는 혹시나 가격 경쟁에서 밀릴 것을 고려하여 신안군이 요청한 예산보다 3억 원을 더 증액 편성을 제안하며 추경예산을 확정하면서 행정과 의회가 손발을 맞추었다. 지금도 신안군청과 신안군의회의 협업은 우리나라 지방자치사에서 최고라는 평가를 받고 있다.

　신안군은 나무를 심는 정책 사업에 많은 시민을 참여시키기 위해 나무를 기증하는 시민들에게 최소한의 예의를 표하는 「신안군 나무은행 설치 및 운영 조례」를 제정(2019년)하여 보상하고 있다.

　1004섬 분재정원 부지 내에는 최병철 분재기념관, 저녁노을미술관 등이 2009년에 개관하였으며, 백명철 씨가 기증한 5단짜리 75년 된 동백나무와 나주에 거주하는 김정식 씨가 분재정원에 들렀다가 분재정원 조성 과정에 감동받아 기증한 200년 된 배롱나무 3그루, 그리고 1500년 이상 된 주목 분재 등이 있어 그 자체만으로도 관람객들은 방문을 위한 시간과 비용 대비 넘치는 감동을 얻고 갈 것이다.

나주에 거주하는 김정식 씨가 기증한 배롱나무

2008년 목포와 연결되는 압해대교가 개통하면서 신안군청도 목
포에서 압해도로 이전하였다. 2019년 개통된 천사대교는 압해도와
암태도, 자은도, 안좌도, 팔금도, 자라도 등 여섯 개의 큰 섬을 연결
하며 덕분에 섬들은 서남해안의 관광도시로 태어날 수 있었다.

애기동백꽃 하면 우리는 바다 건너 섬 제주를 생각한다. 추운
겨울날 하얀 눈 위에 떨어진 붉은 동백꽃은 제주 4·3항쟁과 여순
10·19항쟁에서 스러진 생명을 의미하기도 하고, 희생자들을 상징
하는 꽃으로 널리 알려져 있으며 우리나라에서는 제주에서 가장 먼
저 꽃을 피우는 통꽃이다.

전 세계에 퍼져 있는 동백Camellia japonica은 80여 개국에 3만 5천여 종이나 된다. 그중에 신안의 애기동백꽃은 꽃잎이 9~12개의 낱장으로 되어 있는 애기동백Camellia sasanqua(일본 품종)이다. 제주가 관광산업을 육성하면서 애기동백을 1980년대 일본에서 수입하여 관광 상품화한 꽃으로 낱으로 떨어진 꽃잎이 붉게 수놓은 것 같아 사람들의 감성을 자극한다.

신안군은 제주에서 자란 애기동백을 기증받거나 매입하여 송공산의 1004섬 분재정원을 조성하였다. 서남해안의 다도해를 바라볼 수 있는 분재공원은 약 5만 평에 분재원, 야생화원, 작은 수목원, 생태연못, 잔디광장, 화목원, 유리온실, 산림욕장, 그리고 미술관을 갖추고 있어 맛있는 도시락을 싸서 소풍하는 마음으로 방문하면 좋을 것이다.

금석학金石學과 전각篆刻의 대가로 추사체를 완성한 서화가 김정희는 섬 제주에서 수선화를 보고 유배 생활을 하는 자신과 같은 처지라며 눈물을 흘렸다고 한다.

수선화水仙花는 섬 제주에서 흔한 꽃이다. 물에 사는 선녀나 신선을 의미하여 붙여진 이름이지만 추위에 강한 데다 번식력이 좋아 제주 사람들은 '뽑아도 뽑아도 자라는 잡초(몰마농 꽃)'라며 소나 말의 먹이로 사용하였다.

노란색으로 봄을 알리는 수선화가 가득한 선도

　추사 김정희는 '그윽하고 담담한 기품'이 있는 수선화의 가치를 몰라주고 마구 취급하는 제주인들의 모습을 보며 유배당한 본인처럼 "처량한 감화가 일어 눈물이 줄줄 흐른다"고 하였다. 추사의 고향이라는 예산군은 추사 묘역 인근에 있는 고택에 수선화를 가득 심어 추사의 마음을 위로하고 있으나 신안에서 수선화를 보려면 신안의 작은 섬 선도蟬島로 가야 한다.

　목포 출신 93세 현복순 할머니는 남편이 퇴직하자 3년 동안 신혼 생활을 하였던 시댁인 선도로 이사하였다. 마당에 나무와 꽃을 심으면서 20여 년 동안 정원 일기를 쓰고 있는 것으로 유명한데 그중에 수선화 정원을 조성하였다. 선도 주동마을 교회 앞 할머니의 수선화 정원은 마을 주민들과 30여 년 동안 친구가 되어 온지라 군에서 추진하는 꽃섬 가꾸기 사업의 일환으로 수선화를 선도의 꽃으로 지정하는 것에 흔쾌히 동의하였다.

선도는 쌀과 양파, 마늘의 주산지였으나 마늘과 양파는 가격 변동이 심했다. 그래서 대체 작물을 생각하는 농가들이 있었는데 수선화 알뿌리(구근)는 양파보다 시세도 좋고 농사짓기도 편한 데다 경관적으로도 봄을 알리는 꽃으로 관광객을 모을 수 있으니 여러 가지 장점이 많은 작물이었다. 이렇게 되기까지는 많은 어려움이 있었다. 수선화 재배는 마늘, 양파와 같이 판매 수익을 기대할 수 없어서 주민들이 거부감을 가졌기 때문이다. 그래서 군의회와 협의하여 마늘, 양파 대신 밭에 수선화를 심으면 마늘, 양파 판매 수익만큼 보상하겠다는「수선화 섬 조성 및 지원 등에 관한 조례」를 제정·시행하여 주민의 자발적인 참여를 얻게 되었다.

그런데다 수선화 알뿌리는 신안군의 계약 재배로 가격 변동과 판로의 어려움에 걱정이 없었다. 밭작물 직불제처럼 기본 소득도 보전해주니 농가 입장에서는 안정적인 농사도 되는 수선화를 재배하는 농가들이 늘어났다. 이후 농가들은 영농조합법인을 만들어 생산과 유통을 담당하고 있다.

선도의 언덕을 황금색으로 수놓은 금영화

　선도에서 2018년에 시작한 수선화 사업은 2019년에 첫 축제를 시작하자마자 해양수산부가 '봄에 가고 싶은 섬 7선'으로 선정하면서 선도를 알리는 역할을 더했다. 2020년에는 전라남도가 추진하는 '가고 싶은 섬 사업' 대상지로 선정되어 다시 이목이 집중되면서 봄이면 관광객들의 발길이 끊이지 않고 있다.

　주민들은 수선화를 활용하기 위해 선도꽃차연구회도 만들어 (사)한국꽃차협회와 함께 주민들이 제다법 등을 배우면서 새로운 농외소득을 만들기 위해 노력하고 있다. 봄을 노랗게 물들이는 봄의 전령사 수선화는 경관식물과 관광자원, 대체 작물과 차 생산 등 다양한 효과를 내는 작물로 선도에 바람을 일으키고 있다.

선도는 여름까지 섬을 노랗게 물들인다. 푸른 하늘과 바다 사이에 있는 5만여 평의 대지에 수선화 꽃이 질 때쯤이면 캘리포니아 양귀비라 불리는 금영화가 꽃을 피워 낸다. 꽃만 노란 것이 아니라 선도의 많은 시설물이 노란색으로 도색되어 이국적이다. 매미 모양을 닮은 섬 선도蟬島에서 바다 위 섬마다 꽃 축제를 선도先導하는 섬으로 다시 태어나고 있다.

무안의 신월항에서 뱃길로 15분이면 도착하는 선도. 자기애와 자존심이 강하고 고결함을 꽃말로 가진 수선화가 이제 선도를 지키는 수호신으로 태어났다.

푸른 바다 위에 보라색 점(3.16㎢) 하나로 세상을 놀라게 한 섬. 전염병(COVID-19)으로 사회적 거리두기를 시작한 이후에 더 알려지고 사랑받게 된 반월도半月島와 박지도朴只島는 인구 2백 명도 채 안되는 어촌마을로, 갯벌 바다에서 나오는 낙지, 숭어, 전복, 김 등으로 생계를 이어가고 있다.

반월도와 박지도의 왕래는 비구와 비구니의 사랑의 힘으로 연결되었다는 눈물로 연결한 전설 '중노두'를 통해 오랫동안 왕래하다 2007년 '안좌면 갯벌 체험형 관광지 조성 공사'로 안좌도安佐島의 소곡리 본도와 반월도와 박지도 작은 두 섬을 연결하는 1,462m의 도보용 목교가 갯벌 위에 '천사의 다리'로 설치되었다.

보랏빛 색으로 제1회 세계최우수관광마을이 된 반월도와 박지도

작은 섬에 사는 김매금 할머니의 "두 발로 걸어서 육지로 나아가는 것이 소원"이라는 표현처럼 시멘트로 포장되지 않은 노둣길을 이용하던 섬 주민들에게는 신발을 벗어서 손에 들지 않고 섬을 건너는 것이 오랜 소망이었기 때문이다.

2015년부터 전라남도가 추진하는 '가고 싶은 섬' 조성 사업 지역으로 반월도와 박지도가 선정되어 신안군의 색깔 있는 섬 경영의 첫 번째 출발지가 되었다. 섬에 가득 핀 참(왕)도라지 꽃에 착안하여 보라색 꽃 섬으로 변신을 시도하였다. 마을 지붕과 다리, 주민들 옷, 그리고 동네 개집까지 모두 보라색으로 뒤덮었고, 두 섬의 주민들과 함께 묵정밭廢田(방치된 밭)을 갈아엎어서 6만 8천 본의 꿀풀과 보라색 여름꽃 라벤더lavender를 심어 정원을 가꾸었다. 또 보라색 가을꽃 산구름국화라고도 불리는 과꽃Aster 4만 5천 본을 식재하여 보라purple의 섬으로 변신하였다. 그리고 여름과 가을 사이에는 아무리 돌려봐도 반달 모양이라는 반월도에 귀화식물인 버들마편초Verbena bonariensis 75만 본을 심어 두 섬을 온통 보라색으로 뒤덮는다.

봄에는 오동나무, 서양수수꽃다리lilac, 박태기, 앵두나무, 보라 유채 등을 식재하여 보라색 봄꽃의 대향연을 펼치고, 초여름이 되면 1만 5천 평 정원에 라벤더가 만개한다. 여름에는 75만 본의 버들마편초가 대지를 보라색으로 물들이고, 가을에는 4만 5천 본의

1부_ 신안의 생명

반월도에 가득 핀 버들마편초와 보라색 천사의 다리

과꽃이 섬을 보라색으로 장식한다.

2018년까지는 신안에 가려면 목포나 무안에서 배를 타고 갔으
나 2019년에 압해도에서 암태도로의 연도교가 개통되어 자동차
로 24시간 자유롭게 드나들 수 있었는데, 그해 전 세계에 전염병
(COVID–19)이 돌았다.

전염병은 일상에서의 사회적 거리두기를 필요로 하였고, 이로
인해 유명 관광지보다는 한적한 외곽 쪽 관광지를 찾는 사람들이

늘어났다. 그때 남도의 작은 보랏빛 섬도 관심을 받으면서 2007년까지 관광객 한 명 없던 섬에 관광객이 방문하기 시작했고, 2018년에 3만 2천 명, 그리고 2019년에는 28만 5천 명이 방문하는 놀라운 일이 일어났다.

2020년 독일의 위성방송 '프로지벤ProSieben'과 홍콩의 20~30대가 주요 고객인 여행 잡지 〈유 매거진U magazine〉에 '몽환적인 색채의 섬'으로 소개되고, 2021년에는 미국 언론사 '시엔엔CNN'이 '사진작가들의 꿈의 섬'으로, 미국 '폭스뉴스FOX NEWS'도 '한국의 반월도와 박지도를 보라 섬으로 만든 후 많은 관광객을 끌어모으고 있다'고 보도했다. 필리핀 '에이비에스시비엔ABS-CBN 뉴스와 인도의 '위온WION' 등 세계 언론사의 조명을 받으면서 2022년에는 38만 6천 명이 방문하였다.

2021년 12월에는 국제적인 상도 받으며 명성을 더했다. 스페인 수도 마드리드에서 국제연합세계관광기구UNWTO(World Tourism Organization) 총회를 열고 농·임·어·축 산업 기반을 가진 1만 5천 명 미만의 마을을 대상으로 문화와 자연을 관광 자원화하여 지역 불균형과 인구 감소 등의 문제를 해소하고자 노력하는, 사회적 지속성 등을 높이는 지역에 주는 상을 만들었다. 전 세계 작은 도시들은 세계관광기구가 제정한 첫 번째 상을 통해 그동안 노력해온 지속가능성을 세계적으로 인정받으려 힘썼고, 75개국 169개 도시가

제1회 세계최우수관광마을 지정 인증식

치열한 경쟁을 벌인 결과 신안군의 반월도와 박지도가 국제연합세계관광기구의 '제1회 세계최우수관광마을Best Tourism Village'로 인증받아 세상에 알려지게 되었다.

반월도, 박지도 두 개 섬을 합쳐도 인구 200명도 채 되지 않는 사라질 위기에 놓였던 작은 마을이 오늘날 지속가능한 관광지가 되어 미래를 이끌어가고 있음을 국제적으로 인정받은 것이다. 한국관광공사에서 추진한 '한국 관광의 별' 본상도 수상하면서 상복이 겹

치며 기대는 더욱 커졌다. 2022년 11월에도 한국관광공사의 '이달에 가볼 만한 곳'으로 선정되었고, 2023년에는 '2023년 한국 문화의 달' 개최지로 선정됐다.

2018년까지만 해도 반월도와 박지도는 목포나 무안을 통해 배로 여러 섬을 거쳐야만 갈 수 있었으나 이제는 목포에서 압해대교 또는 무안에서 김대중대교를 지나 천사대교, 중앙대교, 신안1교 등 4개의 다리를 통해 자동차로 이동할 수 있다.

반월-박지도 입구인 단도에서 걸어 반월도까지 가는 목교인 부잔교浮棧橋(조수 간만에 따라 수면 위에 뜨는 다리)를 걷노라면 짱뚱어가 뒤뚱뒤뚱 헤집고 다니는 갯벌과 농게와 말뚝망둥어 그리고 구불구불 바다로 나아가는 많은 갯골 등 생명이 넘치는 아름다운 모습을 코앞에서 생생하게 볼 수 있다. 중간에는 배들의 통행을 위해 좌우로 열리는 개폐식 다리인 월교Moon Bridge가 연결되어 또 다른 볼거리를 선사한다.

반월도에는 그믐달로 변화해가는 5m 높이의 하현달 위에 어린 왕자가 여유롭게 앉아서 여러분을 반갑게 맞이한다. 그리고 바다와 사막에서 여행객들의 길라잡이인 북두칠성을 보면서 보랏빛 공중전화에 들어가 추억 속의 옛 전화기로 사랑하는 사람에게 전화를 건다. 통화료는 어린 왕자가 제공한다. 조금 여유가 있는 방문객들은 반월도의 어깨 산을 걸으며 울울창창鬱鬱蒼蒼 당숲의 신화 속으로 들어갔다 나올 수 있다.

박지도 중턱에는 900년 된 우물과 '당신은 소중합니다'라는 꽃말을 가진 상록활엽수 사스레피나무숲이 맞이해준다.

마을 식당과 찻집, 숙소, 자전거 대여소 등 편의 시설은 60~70세 섬 주민들이 차 전문Barista 자격증 등을 취득한 후 마을협동조합으로 운영하고, 그에 따른 이윤은 주민들에게 돌아가도록 설계되어 있어 소멸되어가던 작은 섬이 활력을 되찾았다.

반월도 주민들이 사는 집의 지붕을 보라색으로 칠하기 위해 집집마다 일일이 찾아다니며 동의서를 받았다던 반월도 토박이 장상순 위원장은 "처음 준비할 때는 누가 우리 마을을 오겠느냐며 굉장히 부정적이었으나 관광 일주도로를 만들어 꽃도 심고, 홍보도 하고, 선진지도 방문하면서 희망을 가졌다. 이제 반월도는 '돌아오는 섬'이 되었다. 온 세상이 개벽해도 이럴 수는 없을 것이다"며 흥분을 감추지 않고 설명을 이어갔다.

신안군 안좌도는 2022년도에 '숲속의 전남 만들기' 공모 사업에도 선정되어 주민들과 함께 너비 10m씩 감탕나무, 오동나무 등 1,600여 그루의 나무를 심고 그 밑에는 보랏빛 꽃을 심어 두툼한 숲길을 조성하였으며, 매일 주민들과 정성으로 꽃과 나무들을 관리하며 숲을 이루고 있다.

바닷바람으로 옷깃을 여미는 추운 겨울날 아침, 작은 섬 병풍도 屛風島 동쪽 황무지 언덕에 섬사람들이 모여들었다. 병풍도는 작은 섬이지만 장구섬, 나리섬, 큰섬, 보기섬, 서남섬 등 더 작은 섬들이 간척干拓사업으로 조금 큰 병풍도와 하나가 된 섬이다. 병풍도는 이름처럼 암석이 많고, 거친 곳이라 농사지으며 사람이 살기가 좋은 곳은 아니다. 병풍도라는 이름의 섬은 국내에 세 곳이 유명한데 태안군과 진도군에 있는 병풍도는 무인도다. 사람이 사는 병풍도는 신안군이 유일하다.

오랜 역사 속에서 병풍도 사람들은 맨손으로 돌을 파내고 흙을 메워 거친 섬을 사람이 살 수 있는 섬으로 일구어냈다. 그런 그곳에 다시 주민들이 모였다. 잡풀이 무성했던 야산을 걷어내고 수백 톤의 돌을 짐자동차truck에 옮겨 날랐다. 그 자리에 수천 톤의 흙을 옮겨 꽃을 피우기 좋은 환경을 만들기 위해 300명이 넘는 주민이 약 2년에 걸쳐 5만여 평을 개간하여 옥토를 만들어냈다.

병풍도에서 문화관광해설사로 활동하는 정숙애 씨는 맨드라미가 붉게 피어 있는 맨드라미 동산을 보며 "황무지로 방치되어 있던 야산을 추운 겨울인데도 마을 주민들이 모두가 손을 모아 개간해서 옥토를 만들어 꽃을 심고 가꾸었다"며 주민들이 하나가 되어 함께한 날들을 생각하며 미소를 지었다.

오래전 병풍도에 민간업자가 들어와 한방에서 약재로 쓰이는 열대성 식물인 맨드라미를 염전 옆에 심어 약효가 있는 소금을 만들려고 시도했으나 실패하여 떠났다. 이후 병풍도에는 야산 곳곳에 맨드라미가 흔히 보였다. 그래서 병풍도의 상징적인 꽃을 결정하는 데도 어렵지 않았다. 이제는 진분홍, 샛노랑, 진빨강 등 여러 색상의 맨드라미가 섬을 태우고 있다.

촛불 모양, 닭 볏 모양, 풍성한 치마 모양 등 종에 따라 다양한 형태의 맨드라미가 가득하다. 마을 주택의 지붕과 벽도 대표적인 맨드라미 색인 붉은색으로 칠해졌다. 병풍도의 입문인 보기선착장에서 순례자의 길 10㎞까지 총 14㎞에 맨드라미 길을 만들고 300만 본의 맨드라미 정원과 한데 어우러져 붉은 장관을 연출한다.

맨드라미는 열대성 식물이라 여름에 햇빛이 강한 장소를 좋아하며, 여름이 끝날 무렵 개화하여 품종에 따라 60~120일간 탐스러운 자태를 유지하는 가을꽃이다. 전 세계에 분포한 맨드라미는 60여 종인데 병풍도와 순례자의 길 5개 섬에 46개의 품종이 모여 맨드라미 노천 박물관을 만든 것이다.

신안군은 「맨드라미의 섬 조성과 지원에 관한 조례」를 제정해 제도적인 뒷받침을 하고 있다. 2022년부터는 광동제약과 손을 잡고 맨드라미 건강 음료를 개발 중이다. 주민들도 방문객을 위해 기념품을 제작하고 차를 만들기 위해 붉은 맨드라미만큼 열정적으로 공

병풍도 주민들이 울력으로 완성한 맨드라미 언덕

부 중이다. 2020년 폐교된 증도초등학교 병풍도분교도 대대적인 수선을 통해 방문자 쉼터로 변신하면서 편의를 제공하고 있다.

　연륙교와 연도교가 없을 때는 목포시 북항이나 무안군 신월항에서 섬을 돌고 돌아서 다녔지만, 이제는 지도의 송도항에서 25분이면 갈 수 있고, 압해도의 송공항에서도 40분이면 맨드라미 섬 병풍도로 갈 수 있다. 서남해안의 다도해 한가운데 태양보다 더 붉은 빛으로 뒤덮인 병풍도에서 정신을 놓으면 배를 놓칠 수도 있으니 시간을 잘 챙기길 바란다.

섬 전체가 천연보호구역(천연기념물 제170호)이자 다도해국립공원인 우리나라 서남단 끝 홍도紅島는 바다 위에 있는 해발 365m 산악지대로 식물 서식지의 보고로 불린다. 작은 섬에 홍도원추리를 비롯해 흰동백과 풍란 등 약 274종의 다양한 식물상이 서식하는 것으로 알려져 있다.

망망대해 위에 있는 작은 섬이다 보니 경지耕地가 거의 없고 고구마, 보리, 콩, 마늘 등을 심은 작은 텃밭만 있다. 주택과 학교 등 정주定住 시설도 경사지에 계단식으로 지어져 척박하다. 관광산업이

활성화되기 전에는 어업을 중심으로 경제가 이어져 어촌마을의 안녕과 바다의 풍요를 기원하며 풍어제를 지냈던 당산림堂山林이 원시림으로 보전되어 있다. 청어의 만선을 기원하는 청어미륵靑魚彌勒과 죽항미륵竹項彌勒도 홍도만의 민속신앙으로 모셔져 있다.

홍도는 관광업을 하는 1구와 어업을 하는 2구로 나누어져 있어 2구는 유람선도 정박하지 않은 전형적인 작은 어촌마을이다. 1구는 하루에 두 번 북적인다. 달의 기운에 따라 움직이는 밀물과 썰물처럼 두 편의 배 시간에 따라 출입하는 관광객들을 상대로 주민들이 바삐 움직이며 '섬살이'하는 곳이다.

신안군청은 홍도의 훼손된 지역 복원과 소멸되어가는 2구 활성화를 위해 신안군이 전체적으로 추진하는 꽃 정원과 꽃 축제를 홍도에도 제안하였다. 당연히 꽃은 홍도의 여름을 상징하는, 영문명에도 홍도가 들어간 홍도원추리Hongdo daylily다.

제주도에서 노란 복수초가 봄을 알리기 시작한다면 육지에서는 노란 개나리가 봄을 알리고, 선도에서는 수선화가 완연한 봄을 알린다. 가파도의 보리가 누렇게 익어가면 홍도에 원추리가 큼직한 노란 꽃봉오리를 열어 여름을 알린다.

홍도원추리는 해안 절벽에 소나무들 틈에서 자라며 생명을 유지하는데, 씨앗 발아가 쉽지 않아 인위적으로 빠른 시일 내에 정원을 만들려면 원추리 뿌리를 분리하는 방식으로 추진해야 한다. 그런데 홍도는 우리나라 서남해안의 끝 섬이라 육지와 너무 멀리 떨어져 있어 섬 밖에서 인력을 조달할 경우 체류비가 상대적으로 많이 들고 중장비도 섬에 들어갈 수 없는 상황이라 위험한 작업은 섬 주민들이 몸소 해야 하는 상황이었다. 천연보호구역이라 전기톱 사용도 허락되지 않았다.

원추리 정원을 인위적으로 만들기 위해 홍도에서 평생 물질하던 잠녀潛女와 관광업을 하던 주민들이 나섰다. 일명 원추리 부대다.

이 원추리 부대는 매년 4~5월에 꽃 정원을 만들 부지를 낫과 톱으로만 작업하면서 정비하고, 늦가을에는 해안절벽과 산비탈에서 수확한 원추리를 포기 분리하여 식재하였다. 씨앗으로 파종했을 시 발아가 불안하고 꽃을 피우는 데도 몇 년이 걸리기 때문이다. 꽃을 식재할 정원 정비는 삽질을 천 번하고 한 번 허리를 펴는 중노동이었다고 한다.

원추리 부대원 박모예 씨는 "원추리 심을 땅을 정리하는 것이 제일 힘들다. 철저히 수작업으로만 가능한 일이고 무더위에 나무와 뿌리 그리고 돌을 정리해야 한다. 13년 동안 손발을 맞춘 여러 사람과 혼연일체가 되어 하나 된 몸처럼 움직인다. 하늬바람이 불기 시작하면 지심(가을) 잎을 제거하고, 10월이 되면 땅을 정리한 후, 11월에 되면 벼랑에서 원추리를 파다가 포기를 분리하여 식재한다.

영문명도 홍도인 원추리로 가득한 홍도

그래도 힘든 만큼 이제는 관광객도 많이 찾아오고 마을에 활기가
돈다"며 숨비소리 후의 모습으로 이야기 주머니를 풀었다.

　홍도원추리는 절벽에서 해풍을 맞고 자라는 만큼 강하다. 과거
홍도 사람들은 원추리 싹과 잎은 나물로 무쳐 먹고, 뿌리는 전분을,
줄기는 광주리와 지붕을 엮는 집줄로도 사용했다. 그 정도로 홍도
원추리는 다용도 활용 가치가 높은 식물이다. 홍도 주민들은 어릴
적 기억을 더듬어 원추리 줄기를 활용한 공예품을 만들어 농가 소
득을 올리는 방안도 논의하고 있다.

포기 분리로 생태계를 복원한 홍도원추리

2023년 상반기까지 신안군은 과거 농사를 짓기 위해 개간하여 훼손한 지역의 상당 부분을 복원하였다. 밭에 고구마 대신 원추리를 식재하면 경관작물로 보상하고 있고, 주민들의 토지를 군에서 임대하거나 기부채납 등을 통해 원추리 식재를 늘리고 있다.

2022년도에는 해양수산부의 '어촌 새 조성New Deal 300' 사업 대상지로 지정되면서 어촌 어항 기반시설 현대화가 연결되어 홍도 2구의 관광에 새로운 전기를 준비하고 있다.

대한민국 서남해 끝에 있는 섬 홍도는 아침에 떠오르는 황금빛 태양처럼 홍도원추리를 통해 제2의 관광지로 변신을 준비하고 있는

홍도 옆 흑산도 예리마을 지붕

것이다.

　한 나라의 운명이 풍전등화 같았던 1895년 조선에서 마지막으로 군郡으로 승격됐던 지도군智島郡의 행정중심 도시가 지도智島다. 일본 제국주의에 의해 다시 지도군은 무안군으로 통합되었던 아픈 기억이 남아 있는 곳이기도 하다.

　1945년에 준공된 장동저수지는 해방둥이로, 지도 주민들의 생명수로 70여 년을 함께 해오다 3년의 공사 끝에 2023년에 라일락

정원으로 다시 태어났다.

1970년대 방조제 공사로 무안군과 연결되어 육지가 된 지도는 광역 상수도가 되면서 방치된 장동저수지를 해양수산부의 병어공 원 조성과 나비덤불Butterfly bush 등 꽃을 계단식으로 식재하여 계곡 물놀이가 가능한 공원으로 조성하였다.

5만여 평의 부지에 보라색 꽃이 피도록 조성되었고, 40년 이상 된 먼나무 700여 그루를 포함하여 무안에서 신안의 첫 관문인 지도 를 꽃과 나무가 가득한 물놀이 공원으로 다시 탈바꿈시켜 바다가 아닌 민물에서 계곡 물놀이를 하는 역사를 만들었다.

우봉 조희룡의 유배지였던 임자도는 우리나라 대파 주산지 중 하나로 토양의 물 빠짐이 좋은 곳이지만 대파의 가격 불안정으로 어려움을 겪었다. 그러다 대체작물로 2005년부터 튤립을 시범 재 배하기 시작하였고 신안군은 튤립 농가들의 소득 증가와 함께 임자 도의 관광산업을 위하여 2008년부터 튤립 축제를 진행하고 있다. 100만 평에 달하는 해변을 자랑하는 대광해수욕장 앞에서 이루어 지는 튤립 축제는 모래와 바다 그리고 승마공원과 어우러져 가족과 함께 꽃의 향연을 즐길 수 있다.

섬마다 다양한 꽃을 피우는 동안 꽃의 공원 인근에 분위기를 더 하기 위해 색상 있는 농작물을 식재하기도 한다. 이른바 경관작물이다. 노란색 해바라기와 유채를 비롯해 메밀 등 다양한 농작물이 경관작물로 지정된 후 파종되어 섬마다 꽃 정원 사업에 참여하고 있다. 2022년에는 5개 읍면에 515호 농가가 참여하여 6,378㎢의 논과 밭에 색상을 만들어 대지를 물들였고, 11억 원의 국비와 지방비가 지원되었다.

신안의 섬에 꽃을 심는 이유는 섬에 사는 사람과 섬을 방문하는 모든 사람이 꽃을 보면서 모두가 행복해지길 바라는 마음이 녹아 있다. 그래서 살고 있는 주민들에게는 살고 싶은 섬으로, 섬 밖의 세상 사람들에게는 가고 싶은 섬으로 만들고 있는 것이다.

신안의 섬들은 생태계를 복원하는 섬이자 사람들에게는 치유의 섬으로 거듭나고자 하는 희망의 꽃 혁명을 추진하고 있다.

사유와 기적의 순례길

출렁이는 바닷물결이 햇살을 받아 찬란하게 빛나며 눈을 부시게 하더니 황금빛 모래벌판 건너 작은 외딴섬 붉은 집에서 불어오는 바람에 종이 울리자 모세의 기적처럼 바닷길이 열렸다.

순례자의 섬Pilgrim Island은 대기점도와 소기점도, 소악도, 진섬 그리고 딴섬이 노둣길(징검다리)로 연결되어 있다. 이곳은 걸으며, 생각하며, 마음을 추스르는 섬이라 치유의 섬으로 불린다. 2017년 전라남도에서 추진한 '가고 싶은 섬' 가꾸기 사업에 선정되어 5년 동안 도 예산 20억 원과 군 예산 23억 원 그리고 기반 정비 사업 등의 명목을 포함해 2021년까지 총 80억 원이 투입되어 신안 군민이 살고 싶은 섬으로 다시 태어났다.

기적의 순례길이라고도 불리는 '순례자의 섬'은 신안의 생명인 갯벌과 바다 그리고 섬 주민들이 이웃 섬과 소통하기 위해 오랜 세월 만들어낸 길이 어우러져 인간과 생명이 하나 되는 통로다. 또 국내외 전문가들이 땀과 예술혼을 담아 만든 또 하나의 문명이 결합한 공간이다.

섬 관계자들과 예술가들이 함께 작업하는 과정은 또 하나의 역사였다. 전라남도의 '가고 싶은 섬'으로 확정되었으나 섬 전문가들은 이 섬의 방향을 잡는 데 많은 시간을 보냈다. 전라남도 관계자들이 마을을 둘러보러 갔다가 밀물에 갇혀 썰물 때까지 바다만 바라보며 여러 가지를 구상하였다고 한다.

주민들의 90%가 기독교인인 점에 착안하였으나 주민들은 방문객 편의시설 설치 장소와 해당 토지 매입 과정에서도 갈등이 있었다. 섬마다 정서가 다르다 보니 섬의 작은 마을 단위로 주민들의 주장이 겉돌았다. 군수는 각 섬에서 주장을 펼치는 대표를 군수실로 불러놓고는 "묵은 감정들 다 풀고 합의가 이루어질 때까지 나갈 수 없다. 밖에서 내가 문을 잠그고 지킬 것이니 알아서 하라"는 으름장을 놓고 나가버렸다. 주민들은 군수 집무실 옆 회의실에서 그간 묻어두었던 섭섭함을 전부 꺼내놓았고, 그 과정에서 마음이 풀리자 사업에 적극 협조한다는 각서를 쓰고 손을 잡아 의기투합하기로 했다. 군수 회의실에서의 담판은 오랫동안 묵었던 감정을 다 녹이지는 못했겠지만, 5시간 동안의 대화로 마음을 모을 수 있었고, 현재 기적의 순례길을 만들기 위한 첫 삽을 뜨는 데 결정적인 역할을 하였다.

공공설치 미술사업 사업자 프랑스의 장 미셸 후비오JEAN Michel Rubio, 철 조각 작가 얄룩 마스YALOUK Mas, 건축 복원가 파코 슈발PACO Cheval, 시사 사진작가 브루노 프루네BRUNO Fournee 등 유럽 작가와 국내외에서 활동해온 한국인 작가 6명을 포함해 총 10명의 작가가 신안의 섬에서 모여 살며 2년 동안 하나 되는 작업을 통해 예술품을 창작했다.

'기적의 순례길'은 성경의 12 제자를 상징하며 베드로의 집(건강의 집), 안드레아의 집(생각하는 집), 야고보의 집(그리움의 집), 요한의 집(생명 평화의 집), 필립의 집(행복의 집), 바르톨로메오의 집(감사의 집-물 위에 건축), 토마스의 집(인연의 집), 마태오의 집(기쁨의 집), 작은 야고보의 집(소원의 집), 유다 타대오의 집(칭찬의 집), 시몬의 집(사랑의 집), 가롯 유다의 집(지혜의 집) 등 총 12개의 건축물로 이루어졌다. 이 건축물들은 1km 간격으로 한 개씩 건축하여 12km 구간에 12개가 세워져 있다.

대기점도大奇點島 선착장에 다다르면 순례길 관문인 베드로의 집(건강의 집)이 방파제 끝에서 반갑게 맞이한다. 지중해풍의 작은 등대 건축물이 바다 색깔보다 더 진한 모자를 쓰고 눈부시게 하얀 석회옷으로 단장하여 방문자들을 순례의 길로 안내한다.

건축물은 명상소와 기도소 그리고 스스로 몸을 낮추어 마음의

기적의 순례길의 관문 건강의 집(베드로의 집)

종을 치도록 하는 종탑으로 구성되었는데 비무장지대 사업 '인류평화를 위한 아름다운 공작소' 예술 감독을 맡았던 김윤환 작가 작품이다.

대기점도와 병풍도를 연결하는 노둣길 입구인 북촌마을에 있는 안드레아의 집(생각하는 집)은 서아시아^Arab^의 분위기처럼 지구와 하늘을 상징하듯 사각형 건축물과 둥근 모양의 건축물이 하나로 이루어져 있다. 천원지방天圓地方의 사상을 분리하여 나란히 세워놓은 것 같은 건축물은 섬 주민들이 삶의 일부인 돌절구와 여물통을 건축물 일부로 사용하여 섬의 역사를 작품 속에 넣은 것 같으며, 섬의 터줏대감인 길고양이들을 수호신으로 삼아 건축물 지붕 위에 모형을 설치하고 동물과 인간의 삶을 하나로 연결하였다. 대기점도의 들고양이들은 30여 년 전 농사에 피해를 주는 들쥐들을 퇴치하기 위해 주민들이 키우게 되었다는 후문이다. 건축물 내외 벽을 하얗게 만들어 순례객이 편안한 마음으로 사색할 수 있도록 한 작품은 일제강점기 징용 노동자상(울산, 부평에 설치)을 제작한 이원석 작가의 작품이다.

대기점도 논길을 지나 숲속에 자리 잡은 야고보의 집(그리움의 집)은 흰 석회로 벽면을 마감하고 통나무로 처마를 구성한 후 붉은 기

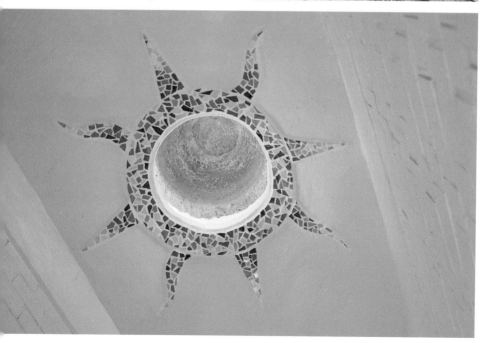

병풍도 노둣길 입구의 생각하는 집(안드레아의 집)

대기점도 숲속의 그리움의 집(야고보의 집)

와를 올려 숲속의 오두막을 연상하게 구성하였다. 배흘림기둥과 10개의 처마 기둥을 포함해 12개의 기둥은 12지신을 상징하는 것 같다. 나무 조각을 모아 만든 현관문과 어릴 적 가지고 놀았던 많은 구슬은 순례자의 여러 삶의 이야기와 나의 삶을 담아 풀어놓은 것처럼 평안하고 주변 자연과 조화를 이루고 있다. 실내에는 융성했던 불교의 극락정토極樂淨土를 기원하는 도량처럼 '비천상'의 부조가 설치되어 명상할 수 있도록 했다. '베를린에서 비무장지대까지~시베리아 횡단열차 사업'을 공동 기획한 김강 작가의 작품이다.

남촌마을 팔각정 인근의 생명 평화의 집(요한의 집)

대기점도 남촌南村 마을 팔각정 인근에 있는 요한의 집(생명 평화의 집)은 망부석이나 석장승, 탑 등을 단순화한 것처럼 보이는 원통형 건축물로 농민들의 일터인 밭 입구에 있다. 석회로 마감된 원통형 탑은 천정을 착색유리stainedglass로 만들었는데, 이를 통해 건축물 안으로 스며든 햇살이 순례객의 지친 몸을 감싸 안아 생명의 기운을 돋구어준다.

현재 건축물 모습은 완공을 코앞에 둔 작가가 동네 할아버지 댁에 머물며 돌아가신 할머니를 그리워하는 할아버지의 애틋한 사연을 듣고서는 건물을 뜯어내고 다시 지은 것이다. 건축물 내부 바닥

소기점도 노둣길 입구의 행복의 집(필립의 집)

에는 생명을 상징하는 여러 문양이 표시되어 있다. 실내에서 밖을 보면 작은 창틈 사이로 무덤이 보이는데 먼저 이승을 떠난 할머니를 그리워하는 할아버지가 날마다 인사를 나눌 수 있도록 공간을 조성하였다. 할머니와 할아버지의 인연을 지키는 수호탑처럼 탄생과 죽음, 생명과 평화의 연쇄을 표현한 건축물이다. 울란바토르 〈평화의 바람〉 미술감독인 박영균 작가가 설치했다.

대기점도와 소기점도 노둣길 입구에 있는 필립의 집(행복의 집)은 중세시대 나무배 형상을 통해 태풍을 뚫고 푸른 바다를 헤치고 다녔던 해상왕국의 활발했던 기억을 회상하는 것처럼 느껴지는 작은 건축물이다. 섬사람들이 몇 세대에 걸쳐 사용했던 돌 절구통은 밖과 안을 연결하는 통로가 되었고, 화석나무로 물가에서 잘 자라는 삼나무란 뜻의 수삼水杉, Metasequoia 나무를 물고기 비늘 모양으로 잘라 얹은 지붕과 하늘을 향해 치솟아 올라가는 첨탑 꼭대기에 있는 물고기 형상은 바닷길을 통해 문물을 교류한 어제의 역사와 오늘을 연결하는 건축물 같다. 장 미셸 후비오와 파코 슈발, 브루노 프루네 작가의 공동 작품이다.

소기점도 작은 호수 위에 지어진 바르톨로메오의 집(감사의 집)은 철 구조물에 전체가 착색유리stainedglass와 3차원 입체hologram 필름으로 되어 있어 바라보는 사람과 햇살의 위치 그리고 햇살 강도에 따라 다양한 빛깔을 발산하도록 하도록 만들어졌다. 호수에 투영된 건축물은 제주 신화에 나오는 이승과 저승의 '서천 꽃밭(죽은 이들의 전당이면서 동시에 삶이 시작되는 곳)' 같기도 하다. 유리로 되어 있는 건축물은 24시간 언제나 누워서 하늘을 바라볼 수 있으며, 작품 내부의 태양광 패널panel을 통해 생산한 전기로 밤에는 착색유리 사이로 은은한 빛을 발한다. 건축물은 각도에 따라 섬에 사는 작은 새들이나 바다에 찾아온 새들, 불교의 연꽃 등으로 연상이 가능하며 밤과 낮 구분 없이 언제나 자연의 빛을 통해 순례자들에게 희망을 던져

호수 위의 감사의 집(바르톨로메오의 집)

준다. 얄룩 마스와 장 미셸 후비오와 파코 슈발, 브루노 프루네 등
유럽 출신 작가 4명의 공동 작품이다.

　소기점도^{小奇點島} 여행자 숙소 뒤편에 있는 토마스의 집(인연의 집)
은 벽돌 구조물에 석회로 마감하여 태풍이라는 자연의 힘을 견뎌내
고자 하는 인간의 의지를 보여주는 듯하다. 한쪽 측면에 있는 일곱
개의 창은 대양을 넘어 바닷길을 개척해 교역하러 다니는 바닷사람
들의 길라잡이인 북두칠성을 의미하는 듯하고, 반대편에 있는 두
개의 물고기는 김수로왕의 부인인 황후 허황옥을 상징하는 것처럼

여행자 숙소 뒤편의 인연의 집(토마스의 집)

고대 해양 문화의 교류를 표현한 듯 현관문이 바다를 바라보고 서 있다.

뒤쪽 벽에는 십자가 모양의 창이 있어 자연광을 받아들이며 정 착된 종교와 새로운 종교가 만나는 장이 열리는 공간처럼 조성되었 고, 김강 작가가 작업하였다.

소기점도와 소악도를 연결하는 노둣길 중간에 있는 러시아 정교 회나 이슬람 예배당을 연상하는 마태오의 집(기쁨의 집)은 노둣길 중 간에 세워져 밀물 시에는 바다에 떠 있는 섬 속의 또 다른 섬으로

소악도 노둣길 중간의 기쁨의 집(마태오의 집)

변신한다. 섬의 특산물인 양파를 상징하는 모형의 황금 지붕과 건축물에 들어가는 계단, 문들은 모두 황금색으로 표현하여 삶의 결실을 얻는 공간으로 빨려 들어가는 느낌을 받는다. 그리고 황금색은 햇살을 받아 반짝이며 바다를 항해하는 배들의 이정표가 된다. 사각형 건축물 면마다 문을 크게 내어 건물 안에서는 바다에 떠 있는 듯해 혼자 사유할 수 있는 열린 공간이다. 물때를 잘못 맞추면 다음 물때까지 바다 위에 홀로 있도록 이루어진 작품으로 김윤환 작가가 설치하였다.

소악도 뚝방 끝의 작은 야고보의 집(소원의 집)은 제주의 해신당海
神堂처럼 어부들의 안전과 안녕을 기원하는 것 같다. 유럽의 바닷가
마을에도 '어부의 기도소'를 마련하여 어부들의 안전을 기원한다고
한다.

소원의 집은 100년이 넘은 고택 목재들로 기둥이 세워졌고, 정
문과 창문도 물고기 문양을 형상화하여 바다로 나가는 어부들의 만
선을 기원하는 듯하다. 지붕에는 만선을 기다리는 여인을 형상화
한 듯 새 한 마리가 바다를 향해 앉아 있고, 벽면 한가운데에는 어
부가 바다로 나갈 때 무사 귀항을 기원하는 것처럼 순례자들도 돌
을 만지며 소원을 빌 수 있도록 자연석을 놓아두었다. 실내는 나무
대청마루로 만들어져 순례자들이 신발 벗고 쉴 수 있도록 한 이 건
축물은 장 미셀 후비오와 파코 슈발, 브루노 프루네 작가의 공동
작품이다.

소악도 노둣길 삼거리와 진섬을 연결하는 유다 타대오의 집(칭찬
의 집)은 사람들의 왕래가 빈번한 길목으로 동네 쓰레기를 보관하던
하치장이 네 개의 지붕을 가진 공간으로 변신한 것이다. 4개의 꺾
인 지붕은 인간의 삶에 오르막과 내리막마다 응원의 힘을 통해 희
망을 얻도록 격려하는 것 같다. 창문 형태도 사각과 마름모, 반원
등 인간의 다양한 삶처럼 설치하였는데 베를린에서 수학한 손민아

　　　　　　　　　　　　　　　1부_ 신안의 생명

소악도 진섬을 연결하는 칭찬의 집(유다 타대오의 집)

진섬 소나무 숲에 조성된 사랑의 집(시몬의 집)

작가가 건축하였다.

건너에 딴섬이 보이는 진섬 소나무 숲속에 있는 시몬의 집(사랑의 집)은 프랑스 개선문이나 서대문의 독립문과 유사한 모양을 띠고 있는데 실내와 실외가 구분되지 않는 개방형 건축물이다. 건축물 꼭대기에는 졸고 있는 하트Sleeping Heart 모양의 상징물이 설치되어 있다. 이는 잠들기 직전의 상태를 표현하는 것으로 인간과 자연의 경계나 삶과 죽음, 실내와 실외의 경계가 모호함을 표현하는 강영민 작가의 작품 특징으로 보인다.

건물 벽에는 조개껍데기 문양의 부조가 여러 곳에 설치되어 있는데 이는 진주를 품은 조개의 아픔처럼 모든 생명체의 사랑도 아픔과 인내를 통해 얻을 수 있다는 은유적 표현이라고 한다. 다른 건축물 대부분이 하얀 석회에 바다나 하늘 색을 표현했다면 사랑의 집은 문과 눈을 지그시 감는 하트를 붉은색으로 표현하였다.

진섬 너머에 있는 딴섬의 가롯 유다의 집(지혜의 집)은 밀물 시에만 걸어서 출입할 수 있는 무인도다. 꼬여 있는 종탑은 순례길을 나선 순례객들이 12㎞의 순례길을 통해 꼬여 있는 삶을 뒤돌아보며 풀어지기를 기원하는 것처럼 느껴지는 건축물이다. 다른 건축물과 다르게 붉은 벽돌로 이루어진 지혜의 집은 고딕Gothic 양식의 첨탑과 기와를 올린 지붕으로 일상으로의 복귀를 응원하는 손민아 작가의

진섬 너머 딴섬의 지혜의 집(유다의 집)

작품이다.

기적의 순례길 사업에 참여한 김현석 과장은 "참여한 작가들은
당초 6개월을 예상했으나 1년 3개월 동안이나 여름에는 덥고, 겨울
에는 추운 컨테이너 공간에서 불편함을 무릅쓰고 생활하며 작품을
제작했다. 마트 같은 생활편의시설도 없는 섬에서 면 소재지에 있
는 구멍가게까지 가서 구해온 식빵과 달걀, 싸구려 와인으로 끼니
를 해결해야 했다. 이런 고난의 행군을 통해 이룬 작품이라 그 자체
가 또 다른 삶"이었다고 표현하였다.

김 과장은 "섬마을 만들기 기획자이자 순례길 만들기에 참여한

1부 _ 신안의 생명

윤미숙 활동가도 처음으로 하는 작품 사업이다 보니 부담감도 컸을 것이다. 그러다 보니 참여 작가들에게 주문이 많았는데 대표적인 요청 사항이 초소형 건축물이어야 하고, 태풍에도 견뎌내야 하며, 100년 이상 견딜 재료를 사용해야 한다. 그리고 신안의 섬에 어울리는 독창적인 작품이어야 한다는 등의 주문으로 작가들을 당황스럽게 하였으나 작품 취지를 이해하는 작가들의 노력으로 성공적으로 마무리되었다. 특히 섬에서 구할 수 있는 재료들을 최대한 활용하면서 주민들과 창작물이 하나로 연결될 수 있도록 치열한 고민을 통해 완성되었다"며 함께했던 사람들에게 고마움을 전했다.

이 사업을 지켜본 대기점도 김영근 전 이장은 "외국 작가들이 건물을 짓다 허물고, 모여서 회의하고, 그리고 한참을 생각하다 다시 한땀 한땀 올리는 것을 보면서 황당하기도 하고 독특하다는 생각을 했다. 외국인 작가들은 주민을 만나면 늘 밝은 미소로 화답해주었고, 우리도 소금이나 음료수 등을 건네며 마음으로 대화했다. 동네에서 돼지 한 마리를 잡아 작가들과 만남의 날 잔치도 하면서 서로 응원한 결과로 지금은 섬에 많은 분이 찾아오셔서 섬이 밝아졌다"며 고마움을 표했다.

작가들의 땀과 노력으로 12개의 건축물이 완성되었으나 이 건축물을 구매하고 회계 처리하는 방법에 비상이 걸렸다. 모든 토지는 용도가 있는 법이라 아무 땅이나 건축물을 지을 수 없다. 건축물로 건물을 지을 경우 처음부터 토지 용도를 변경해야 하고, 2천만 원 이상일 경우 공개입찰을 통해 사업을 시작해야 하는 것이다.

신안군의 특징 중 하나인 '일단 벌려놓고 본다'라는 정신으로 진행된 일이니 관계 공무원들이 죽을 맛이었다. 관계 공무원들은 적용할 법률을 찾는 것으로부터 시작하여 머리를 맞대고 수많은 토론을 거쳤다. 그리하여 공공미술이자 설치미술은 어디든 작품 설치가 가능하고, 창작품의 경우 감정평가를 통한 구매 방법이 있다는 걸 찾아냈다. 치열한 고민의 결과로 끝내 방법을 찾아내면서 공무원 몇 사람의 목이 살아났다. 역동적인 단편 영화 한 편이 머릿속을 스치고 지나갔다.

'기적의 순례길'에 설치된 12개의 건축물은 3평 내외(10㎡)의 작은 공간으로 혼자서 사색할 수 있는 곳이다. 기독교인에게는 예배당이고 불자에게는 암자다. 치열한 일상 속 공간을 벗어나 배를 타고 만나는 바다 한가운데 작은 섬에서 동화 속 순례길을 통해 오롯이 나만의 시간을 가져볼 수 있다.

순례자의 섬을 걸으며 만나는 노둣길은 섬과 섬사람이 서로 만나기 위해 몇 년씩 갯벌에 돌을 던져놓으면서 연결되었고, 작은 돌들을 통해 인간이 지혜를 얻고 사랑을 나누었다. 그리고 인간과 자연이 공생하는 너비 2m 내외의 바닷길은 손때가 묻은 돌들이 쌓여

갯벌 속으로 묻히고 쌓이며 노두 1,840m를 이어 생명의 길이 되었다. 순례자의 섬에서 만나는 노둣길은 바닷물을 막는 것이 아니라 밀물일 때는 바닷속으로 몸을 낮추고, 썰물일 때만 인간이 가슴과 가슴으로 만날 수 있도록 허락하는 생명을 잇는 공간이기도 하다.

　순례자의 섬에서 만나는 공중 화장실은 시골 화장실을 넘어 청정 그 자체다. 바다 위 작은 섬에서 도시보다 더 깨끗한 화장실에서 근심을 풀 수 있다.

　방문자 쉼터에서는 병풍도에서만 맛볼 수 있는 칠색초무침을 포함한 반찬과 넉넉한 인심으로 맛깔나고 풍성한 점심을 먹을 수 있으며 이웃한 찻집^{cafe}에 들르면 손재주가 뛰어난 점장이 손수 만든 소품과 계절별 야생화로 연출한 분위기에 입이 벌어질 것이다.

행정안전부는 2021년 '국내 찾아가고 싶은 33섬' 중 순례자의 섬을 '걷고 싶은 섬'으로 선정하기도 하였다.

신안군은 다섯 개의 섬을 연결하는 순례자의 섬^{Pilgrim Island}과 반월도와 박지도를 연결하는 보라색 섬^{Purlple Island}, 우이도 백서향의 섬, 선도 수선화가 피는 섬, 옥도 작약의 섬 등을 만들며 주민들이 '살고 싶은 섬'과 육지 사람들이 '찾아가고 싶은 섬'으로 변신하는 작업을 하고 있다.

그러나 앞으로 풀어야 할 과제도 많다. 방문객 편의와 주민들의 소득 향상을 위해 행정 지원 과정에서 설치한 시설을 체계적으로 운영할 수 있도록 마을 주민들을 대상으로 협동조합을 구성하고, 여러 훈련을 통해 시설을 경영할 수 있도록 해야 한다. 경영이란 단어를 한평생 접근해보지 않은 사람들에게는 매우 어려운 일일 것이다. 이를 뛰어넘어야 궁극적으로 섬이 살고 싶은 섬이 될 수 있다.

기적의 순례길이 특정 종교에 편향적으로 설계되었다는 지적도 있다. 보는 이의 관점에 따라 다를 수 있지만, 설계 과정에서 부각되지 않았던 사항이기에 운영 과정에서 지나친 종교색을 제거하는 것도 과제 중 하나다.

1부_ 신안의 생명

순례자의 섬은 아주 작은 섬이지만 주민들이 생활하는 공간이다. 순례길은 바닷길과 숲길, 해안길 등 모두가 걸어다니며 사색하는 공간으로 쾌적함을 유지하기 위해 적정한 수의 관광객을 통제하기 위한 총량제가 필요하며, 자전거 대여소 확대로 화석원료 없는 생태적인 순례가 되도록 해야 한다.

신안의 섬들은 전라남도에서 추진하는 '가고 싶은 섬' 사업과 신안군이 구상하는 섬마다 꽃과 향기가 넘치는 섬을 통해 어제의 '떠나는 섬'에서 오늘의 '가고 싶은 섬'을 넘어 내일도 '살고 싶은 섬'으로의 혁명을 추진하고 있다.

소금, 빛과 바람이 만든 기적의 결정체

소금은 자연에 존재하는 광물 무기물 영양소mineral 중 하나로 생명체가 존재하기 위해 없어서는 안 되는 필수 영양소(칼슘, 인, 철, 황, 나트륨, 마그네슘, 구리 등 16가지 원소) 중 하나다. 하지만 인간의 몸에서 자연 생성되지 않기에 여러 식품과 식수에서 섭취해야 한다.

소금은 단순한 조미료를 넘어 고대에서는 중요한 종교의식에 사용되었고, 한때는 교환 가치인 화폐와 세금으로써의 기능을 했다. 인간의 생존과 건강을 지키고 음식의 염장과 절임이 가능하며 발효를 통해 대항해까지 할 수 있는 토대가 되는 등 다양한 역할을 통해 인류 역사에서 무엇보다 중요한 물질이 되었다.

소금salt은 sal이라는 라틴어에서 태어났다. 샐러리Salary는 소금으로 지급한 급여를, 솔져Soldier는 소금으로 급여를 받던 병사를, 샐러드Salade는 채소에 소금을 뿌린 음식 등에서 기원했으며, 소금小金의 한자 기원은 소牛나 쇠金처럼 귀한 물건인 작은 금小金에서 유래했는데 소금의 시대별 역할을 알 수 있다.

소금을 통한 통치와 지배 수단으로 활용할 때 적절하지 않은 사례는 프랑스 왕권과 제국주의 영국에서 찾아볼 수 있다. 인간의 건강을 위해 필요한 소금에 과도한 세금을 부과한 프랑스에서는 시민혁명이 일어나 왕권이 무너졌고, 영국이 인도에 부과한 소금법과 소금세는 마하트마 간디Mohandas Karamchand Gandhi가 영국의 식민지 정책을 거부하고 385㎞를 걸으며 비폭력 저항 투쟁을 통한 독립 투쟁을 이끄는 계기가 되었다. 중국은 2,700년 동안 전매제를 실시하다가 2017년부터 소금세를 폐지했다.

인류가 산업혁명을 통해 시작한 대량생산 체계는 토양과 물을 오염시키면서 무기질 영양소 수치가 줄어들게 되었고, 자연의 정화 용량을 초과한 화학농법은 토양을 산성화시키면서 인간의 무기질 영양소 섭취를 감소시켰다. 특히 염장과 발효 음식을 통해 섭취하는 소금이 부족할 경우 체액의 균형과 혈압 조정 기능을 파괴하여 고통을 주기에 일상에서 적절하게 섭취해야 하는 중요한 영양소로 위생적으로 관리되어야 한다.

한반도에서는 고대사회부터 소금을 생산하기 위해 노력했다. 고려 태조는 도염원都鹽院을 설치하여 국가가 직접 소금을 제조·판매하는 전매제를 운영하였고, 충렬왕은 소금판매권을 국유화하였다.

조선 시대에는 관염제와 사염제를 병행하며 관리하였으며 조선 후기에는 전국의 여러 해안가에 염창을 세워 세염을 받아 비축하였는데, 세종실록에는 서해안 중부인 인천과 부평, 강화 등에 27개소의 염전을 운영한 것으로 기록되어 있다. 서울 강서구 염창동鹽倉洞은 소금 창고가 있었고, 마포구 염리동鹽里洞은 소금 장수들이 살았으며 전라남도 염광군 염산면鹽山面은 소금이 산처럼 많이 생산되었고 제주의 엄쟁이嚴藏伊(현 구엄리)는 소금을 생산했는데, 이곳은 모두 소금을 다루던 마을이기에 태어난 지명이다.

조선 시대까지 소금 생산은 자염煮鹽(바닷물을 바로 가마에 끓이거나 바닷물을 염전에 올려 짠물을 진하게 한 후 가마에서 끓여서 소금 결정을 얻는 화염 방식)법을 통해 서해안과 동해안에서 염벗(소금을 끓이는 가마솥인 염분鹽盆이 있는 마을)을 운영하였다.

인간의 건강과 입맛을 달구는 소금의 종류는 어디에서 태어났느냐에 따라 구분한다. 염전에서 햇볕과 바람에 증발시킨 소금인 천일염天日鹽은 대부분 갯벌에서 나고, 지각변동으로 바다가 육지가 된 후 바닷물이 증발하여 바위처럼 굳어진 소금은 무기질 영양소가 거의 없는 암염巖鹽인데, 주로 미국과 유럽, 중국 등에서 생산된다. 염도가 높은 지하수를 퍼 올려 수분을 증발시킨 정염井鹽, 바다가 지각변동으로 호수가 된 후 물이 증발하면서 만들어진 소금은 호수염

湖水鹽이라 한다.

기계장치를 이용해 바닷물을 전기투석법으로 만든 소금은 일본
에서 주로 생산하는 정제염精製鹽, 천일염이나 암염을 물에 녹인 후
다시 가마솥에 넣고 열을 가하여 재결정시킨 소금(일명 꽃소금)을 재
제염이라 하는데 호주와 멕시코에서 주로 생산한다. 그리고 염의
이용가치를 높이기 위해 원료 소금(천일염, 암염, 재제염, 정제염)에 다른
식품이나 식품첨가물을 혼합하여 가공하거나 천일염을 불에 굽거
나 용융시켜 만든 소금을 가공염加工鹽이라 부르는데 마늘소금, 함
초소금, 녹차소금, 버섯소금, 양파소금, 죽염 등이 기능성 소금으로
공급되고 있다.

갯벌 천일염은 전 세계 소금 생산량 3억 4천만 톤 중 2%이며,
우리나라 갯벌에서 생산되는 소금은 전 세계 소금 생산량의 0.3%에
불과하지만, 신안에서 생산되는 천일염은 2022년 기준 우리나라에
서 생산되는 천일염의 78%(20만 톤)를 생산할 정도로 위상이 높다.

조선말 개화기 때는 청나라와 일본의 식민지였던 대만에서 생산
한 소금을 저렴한 가격으로 들여와 한반도 소금 시장을 장악했다.
점점 조선의 화염 방식인 전통 소금 생산 체계가 무너지자 외국의
소금 시장 횡포를 막기 위해 새로운 생산 기반 체계가 필요했다.

대한제국 고종황제(1906년)는 일본의 대장성 칙임기사勅任技師오쿠
겐 조奧建 藏가 추천한 야마다 나오지로山田 直次郎와 미키 게요시로三木

毛吉郎를 대만에서 초빙하여 인천부 주안면 십정리 간사지와 부산 동래 석남면 용호리에 일본식 소금 시험장 염전 1정보를 축조하여 생산했는데 소금 품질이 좋아 시설을 보급하였다.

한반도에서의 천일염전은 평안남도 광양만廣梁灣(1914년)과 경기도 인천부와 인근에 주안염전(1907년), 남동염전(1921년), 군자염전(1925년), 소래염전(1935년), 연백염전(1942년) 등 서해안 중부를 중심으로 보급되었고, 이어서 서해안 남부인 전라도까지 확산하면서 천일염 시대가 열렸다.

해방을 맞이한 1945년 국내 소금 수요량은 25만 톤이었으나 국내 생산은 18만 톤밖에 되지 않았다. 그런데 한국전쟁으로 주요 염전이 파괴되면서 소금값이 폭등하자 정부는 1952년 소금 생산 5개년 계획을 세워 관염전에서 민간 염전 축조를 허가하여 개발을 장려하였고, 그 결과 1958년에 65만 톤이 생산되면서 가격이 폭락하며 소금 대불황이 시작되었다. 그러자 정부는 소금 육성 정책을 철회하고 1961년에는 염전매법을 폐지한 후 보조금을 주면서 폐염을 권장한다.

1965년부터 정부의 산업 정책으로 우리나라 최초의 천일염전이었던 주안염전이 1968년에 폐염, 1986년과 1987년에 남동염전과 군자염전마저도 폐염되어 산업단지가 조성되었다. 1995년에는 수인선 철도가 폐선되면서 지금의 소래습지생태공원이라 불리는 소래염전마저 1996년 폐염되면서 서해안 중부 지역 천일염전 생산시설이 대부분 폐쇄되었다.

수출경제로 구축된 대한민국 경제 체제는 국제적 흐름에 따라 개방화 정책으로 전환되어야 했고, 1997년 다각적 무역협상UR(Uruguay Round of Multinational Trade Negotiation)정책은 외국 소금이 본격적으로 수입·유통되면서 가격 폭락이 계속 발생하자 2004년까지 다시 폐전 정책을 추진하여 520개(총 염전의 28%)의 염전이 사라졌다.

우리나라 소금 관리는 1962년 전매제도 폐지에 따라 1963년에 「염관리법」을 제정하여 광염-염업으로 분류되어 관리하다가 2008년에 「식품위생법」에 의해 천일염을 식품으로 추가했다. 2009년에는 「농어업·농어촌 및 식품산업 기본법」에서 천일염산업을 어업으로 인정하고, 2015년에야 「수산업법」에 의해 천일염 생산자를 어업인으로 인정받았다.

그리고 2010년에는 「식품위생법」의 소금 검사 방법을 개정하였고, 2012년 「소금산업진흥법」을 제정, 2017년에는 「수산직접지불제 시행에 관한 법률」 개정을 통해 천일염 생산자도 '조건 불리 지역 직접 지불제' 대상으로 적용하여 소금의 원산지 표시 의무화와 함께 천일염 품질 인증제를 도입하면서 질 좋은 소금을 통해 우리의 밥상 건강을 유지해왔다.

세계적으로 명성이 높아진 세계무형문화유산 '김장'. 이 김장 김치를 담그기 위해선 배추를 절일 때 천일염을 사용해야 배추 조직이 썩지 않고 싱싱한 상태로 오래 보전되는 데다 발효 과정에서 각종 미생물 효소가 만들어지며 식품 속 영양성분의 흡수력을 높인다.

신안군 소금은 모래와 진흙이 섞여 있는 흙인 사니질沙泥質 갯벌인 데다 간만의 차가 크고, 늘 부는 바닷바람으로 수분 증발이 왕성하여 70여 년 동안 천일염 생산의 적지로 주목받고 있으며, 신안 천일염은 수입염에 비해 칼슘과 칼륨, 마그네슘이 풍부한 것으로 알려져 있다.

신안군의 소금과 관련한 기록은 조선 태종(1408년)실록, 병조호란(1637년, 인조) 시기 김선의가 피신 시 시문인 〈타래염전〉과 고종(1896년) 시기 지도 오횡목 군수가 작성한 《지도군총쇄록》에 등장하는데 증도와 하의도, 비금도, 암태도 등에서 화염 방식으로 생산되었음을 확인할 수 있다.

우리나라 천일염의 대부분을 생산하는 신안군에서의 대량생산은 평안도에서 소금을 배운 박삼만 씨가 해방 후인 1946년 신안군 비금면 수림리(조합장 손봉훈)에서 시험적으로 염전을 운영(1947년 3월 준공)하여 성공함으로써 본격적으로 이루어졌고, 정부는 한국전쟁 중인 1951년 비금도에 천일염전 축조와 생산법에 대한 기술자 양성

수차를 이용해 바닷물을 염전 내 증발지로 걷어 올리
는 박삼만 씨 동상

을 위해 「비금 제염 기술원 양성소」를 설치하며 전문 인력을 배출하
면서 우리나라 천일염 주산지로 부각되었다.

　문화재청은 과거와 현재 삶의 대한 기록이자 특색 있는 역사로,
미래 세대에 새로운 문화를 창조할 수 있도록 후손에게 물려줘야
하는 예술적, 학술적, 경관적 가치 등을 발굴하여 문화유산으로 지
정하는데 2007년에는 천일염전을 대상으로 전남, 전북, 충북, 충
남, 인천 등 5개 광역자치단체의 9개 염전을 조사하였다.

　소금 생산과 제조를 위해 바닷물을 저장하는 저수지(염도 1~2도),

소금 결정체를 모으는 신안의 염전

바닷물을 농축하는 자연 제1증발지 난치(염도 3~8도)와 제2증발지 누테(염도 10~17도), 소금물을 보관하는 해주(함수 창고), 함수를 보내는 자고와 수로, 소금을 결정시키는 결정지(염도 27도), 결정체인 알갱이를 보관하여 간수(소금물)를 빼는 소금창고 등 전 과정이 잘 보존된 비금도의 대동염전과 증도의 태평염전을 근대문화유산(등록문화재 제362호, 2008년)으로 선정하였다.

2016년에는 국민 전체의 문화 향유와 문화적 권익을 증대시키고 국제사회에서 선진 어업 국가로 지위를 향상시키기 위해 국내

종합무역센터(COEX)에서 소금 박람회 전시 개막

어업유산을 발굴하였다. 민족적, 예술적, 사회적, 경제적, 환경적, 관광적 가치가 있는 한정 자원인 신안의 갯벌 천일염업을 국가중요어업유산(제4호)으로 지정하여 우리나라 천일염 산업 역사를 어업유산으로 관리하고 있으며, 2021년에는 부안군 곰소 천일염업을 국가중요어업유산(제10호)으로 지정하였다.

또한 2008년 신안군 관내 염전이 근대문화유산으로 지정되고 「천일염 산업 육성에 관한 조례(이하 천일염 조례)」를 제정(2015년 제정, 2023년 전부 개정)하여, 매년 3월 28일부터 10월 15일까지 우리나라 유일의 천일염 생산 시기와 종료 시기를 규정하여 좋은 천일염을 생산토록 하였다. 이 조례를 통해 소금 산업을 육성하기 위한 준비가 마무리되었으며, 신안 소금의 가치를 극대화하기 위해 천일염 주 생산지를 세계생물권보전지역(2009년에는 증도, 비금도, 도초도를, 2016년에는 신안군 전체)으로 지정하고, 2011년에는 증도 갯벌을 자연자원과 서식지 보전 국제협약Ramsar에 등록, 2021년에는 신안군 갯벌의 85%를 세계자연유산으로 등재하면서 신안의 갯벌과 신안 갯벌에서 생산되는 천일염의 가치를 세계에 알리고 있다.

정부도 신안군의 이러한 노력에 호응하여 2008년에 신안군을 천일염산업특구로 지정했다. 이후 신안군은 천일염을 국제 규격에 맞도록 생산·가공하기 위해 염전 바닥재 개선과 채염 자동화 기계 설비, 수문 제어 급배수 자동화 설비, 함수 자동화 처리 장치, 전동 대파기, 장기 저장 시설 등 국비 342억 원과 도비 68억 원, 군비 등 283억 원 등 총 693억 원을 투입하여 시설을 현대화했다. 또 국비와 군비 150억 원을 투입하여 천일염 종합유통센터를 설치하는 등 청결하고 안전한 기반시설을 갖추었다. 2021년에는 국립소금산업진흥연구센터를 유치하며 소금 산업 육성을 위해 노력하고 있다.

2006년 박우량 신안군수는 천일염 담당 직원과 대학 및 대한염업조합 관계자들과 함께 프랑스 게랑드^{Guerande}를 방문하여 천일염 생산 구조, 환경 보존, 유통 방향 및 관광 활성화 등에 관한 사례를 통해 천일염 산업 발전 방향을 설정한 후 천일염을 광물에서 식품으로의 「염관리법」(2007년)과 「식품위생법(식품공전)」(2008년) 개정을 이끌었다. 그리고 2009년 (사)신안천일염생산자연합회를 이끌어내며 2010년 '신안 천일염'이라는 공동 상표를 개발하여 소비자들의 인식 제고를 위해 노력했다.

또한 신안군이 천일염 가치를 알리기 위해 2008년 천일염 조례를 제정하고 나서 2022년까지 한 해도 거르지 않고 매년 소금 박람회를 운영하며 신안 천일염의 우수성을 홍보하는데 박람회 시 우리나라 한식 명장들을 초청하여 신안 천일염 우수성을 직접 확인할 수 있도록 하고 있다.

김장철에는 절임 배추의 원산지 표시와 염분 분석, 수입 천일염의 국산화 방지와 소비자가 생산 과정을 확인할 수 있도록 하는 이력관리제 등을 도입하여 소비자로부터의 신뢰도를 높이기 위해 노력 중이다.

박우량 군수는 천일염이 기후 조건에 따라 생산량과 가격 변동 차이가 심하자 정부 비축물로 지정할 수 있도록 설득하였고, 2016년부터 정부 비축 대상으로 지정하여 가격 안정화에 기여하며 농가를 보호하고 있다.

천일염이 생산되는 근대문화유산 태평염전의 전경

포장 단위도 그동안 30kg 단위의 거친 포대로 포장하여 유통하던 것을 2012년부터는 위생을 담보할 수 있는 20kg 포대로 전환하였고, 2018년부터는 10kg 단위로 포장하면서 소비자의 구매 흐름에 맞게 시설을 개선하고 있다.

국내 천일염 염전 832개소(2023년 7월 말 기준) 중 우수 천일염 인증 업체가 세 개소인데 이 중 신안군 업체가 두 개소나 지정되어 신안군과 생산자의 노력이 결실을 맺어 국민 건강을 위해 노력하고 있음을 확인할 수 있다.

천일염 포장 용지 규격을 10kg 단위로 전환하는 업무 협약

　　신안군은 역사의 긴 여정을 통해 우리나라 천일염 산업의 중심
으로 자리매김하였고, 언제나 질 좋은 소금을 생산, 공급하기 위해
노력한 결과로 많은 국민의 사랑을 받고 있다.

　　지난해부터는 일본의 후쿠시마 방사능 오염수 방류로 소금의 중
요성이 부각되었다. 그러면서 국민의 관심이 신안에 집중되고 있는
현실인데, 이럴 때일수록 생산자들의 자정 노력을 통해서 신뢰를
회복하고 국민 모두의 건강을 지킬 수 있는 정의가 필요할 때다.

섬마다 향기로운 꽃,
섬마다 울창한 숲

태양 에너지를 받아 유기물을 합성하는 식물과 동물, 미생물 등 생명체의 지구 총량인 생물량biomass은 5,500억 톤으로 추정한다. 식물이 82%(4,500억 톤)이고 인간은 0.01%인데 이 0.01%가 식물을 비롯한 다른 생명체를 죽이고 있다. 세계 각국은 인간이 발생시키는 탄소로 지구가 무너질 수 있다는 위기감을 가지고 온실가스 감축을 위한 논의를 1987년부터 시작했다.

1992년 브라질 리우에서 열린 유엔환경개발회의UNCED(United Nations Conference on Environment and Development)를, 1995년에는 독일 베를린에서 당사국총회를 열어 '2000년 이후의 온실가스 감축 목표에 관한 의정서'를, 1997년에는 일본 교토 당사국총회에서 교토京都 의정서Kyoto Protocol를 채택했다. 2015년에는 파리에서 지구 기온 상승을 섭씨 2도 이하로 낮추기 위해 온실가스 감축 목표 INDC(Intended Nationally Determined Contribution)를 제출하며 파리 의정

서가 채택됐다. 2021년에는 영국에서 197개국 대표가 모여 제26
차 기후변화협약 당사국총회를 개최하고 글래스고 기후 합의Glasgow
Climate Pact를 이루었다. 이 회의에서 기조연설을 한 문재인 대통령은
2030년까지 2018년 대비 40% 이상 온실가스를 감축하고, 산림 복
원 협력에 앞장서며 세계의 석탄 감축 노력에 동참하겠다고 약속했
고, 구체적인 실천 계획으로 30억 그루의 나무를 심겠다고 발표했
지만, 국회는 '35% 이상 감축' 하는 탄소중립기본법을 통과시켰다.
그러나 윤석열 정부 들어 산업 부문 감축 목표치까지 기존 계획 대
비 3.1% 포인트로 낮추면서 지구 열대화에 일조하고 있다.

　　포르투갈 총리 출신 안토니우 구테흐스António Guterres 국제연합 사
무총장은 지난 7월 "지구 온난화 시대가 끝나고 지구 열대화 시대
가 시작됐다"라며 각국의 노력이 지금보다 더 적극적이어야 한다고
촉구했다.

　　한반도의 나무는 일본이 전쟁통에 모두 빼앗아 간 데다 남아 있
던 나무들도 한국전쟁을 치르면서 강대국의 수많은 폭탄과 소이탄
의 일종인 네이팜napalm탄의 무차별 폭격으로 모두 불타버렸다. 그
런데다 시골은 농지를 만들기 위해 산림지역을 개간하였고, 도시는
늘어나는 인구와 산업 시설을 위해 나무를 베었다.

　　마을에 나무가 없다. 기후 위기로 나타나는 지구 온난화 시대

를 넘어 지구 열대화 시대의 지구는 너무나 뜨겁다. 나무를 심어야
한다.

　직업 공무원이었던 박우량 군수는 하남시 부시장(1999년) 재직
시 서울과 경기도의 여러 개발 과정에서 버려지고 파헤쳐지는 나무
들을 받아 하남시에 나무 고아원을 만들었고 지금의 하남수목원을
일구었다. 2006년 서남해안의 섬 군수가 되자마자 나무병원을 설
립하여 전국의 나무를 받겠다고 홍보하고 다녔다. 그렇게 지역에서
받은 나무들을 관리했고 건강해진 나무는 마을 가로수로 심었다.

　나무들은 토양과 해풍 등 환경에 적응 가능 여부를 실험한 후 본
격적으로 식재를 시작했는데, 그곳이 바로 도초도^{都草島}다. 마을 어
귀에 심은 나무는 아이들의 놀이터이자 사랑방이 되어주는 공동체
공간이 되기도 한다. 그러다 보니 역사가 있는 마을마다 팽나무들
이 있다. 한반도 팽나무는 마을의 안녕을 기원하는 나무기에 당숲
을 조성하기도 하고, 마을 간 경계에 심어서 경계목이라고도 한다.
염분이 있는 바닷바람에도 강하기 때문에 섬에서는 교역의 중심지
인 포구에 심어 포구^{浦口}나무라고 불렸다.

　산림청에서 관리하는 고목나무 보호수 중에 10%가 팽나무이고,
천연기념물로 지정해 관리하고 있다. 방송으로 유명해진 창원시 북
부리의 우영우 팽나무도 천연기념물로 지정되었다.

　도초도에서는 관문인 화도^{火島}항에서 시작해 화도천을 따라 지남

팽나무 십리길이 조성되기 전 둑방길

리까지 10리 길을 지정하여 2020년 3월부터 숲길 조성에 나섰다.

그러나 화도천을 따라가는 길은 갓길이 거의 없는 데다 한쪽은 하천이고 다른 한쪽은 논이라 군에서는 나무 심을 땅을 사야 했으나 주민들은 조상들이 힘들게 간척하여 일군 땅이고 춥고 배고픔을 해결했던 땅이기에 애착이 커 쉽게 내놓지 않았다.

수수료도 줄이면서 꼭 원하는 토지를 구매하기 위해 공인중개사를 통하지 않고 군 공무원들이 직접 현장을 보고 일일이 땅 주인을 찾아다니며 설득했다.

위치상 가장 중요했던 삼거리 토지 주인 할머니는 농지에 대한 애착이 강했다. 면사무소의 한 공무원은 할머니를 설득하기 위해 섬에 머물면서 아침저녁으로 사비를 들여 구입한 음료수를 할머니께 드리며 정성을 다해 설득했다고 한다. 결국 어렵게 총 36필지 토지를 매입하였다. 일부 땅이 아닌 필지 전체를 매입하길 바라는 주민들의 뜻도 수용하였고, 그렇게 사들인 땅은 또 다른 의미 있는 용도로 전환하였다.

토지 매입이 되었으니 나무를 심기 위해 흙을 준비해야 할 시점이다. 물이 빠지지 않는 논흙에서 물 빠짐이 좋은 흙으로 성토를 해야 한다. 공무원과 주민들의 정성으로 흙을 구하고 15톤 화물차로 14,500대의 흙을 옮겼다. 높이 3m와 폭 16.5m로 성토된 흙 옆에는

보성군 웅치면 강산리에서 온 팽나무를 야간에 배로 옮기는 모습

나무 말목을 박아 흙 쓸림을 방지하고, 물 빠짐을 유도하며 생태적인 도보 길도 만들었다.

바다를 건너 충남과 경남 그리고 또 다른 바다 건너 팽나무 주산지인 제주도 등 전국에서 구매한 대형 나무를 옮기는 일은 군사 작전보다 더 어려운 작업이었다. 운송 과정에서 경찰의 호송 협조를 받기도 하고, 나무가 크고 가지가 풍성하여 헬리콥터 이송도 구상할 정도였다.

주민들 불편을 줄이기 위해 밤 시간을 이용해 운송했다. 그러나 섬이다. 중간 관문은 배로 움직여야 했다.

팽나무 십리길 조성을 위해 식재되기 전 가지치기

　큰 나무들이라 현장에서의 굴취 작업부터 만만치 않았다. 특히 생육 환경을 유지하기 위한 나무뿌리 보호에 각별히 신경 써야 했다. 포장한 나무를 싣고 고속도로를 달려 목포까지 이동한 후 지방도로 들어서자마자 연륙교인 압해대교를 지날 때는 다리와 나무 양쪽을 모두 보호하기 위해 특별히 유의했고, 큰 관문 하나를 통과한 후에는 천사대교를 지나 암태도의 남강항에서 차도선으로 40분을 다시 이동했다. 그리고 비금도의 가산항에서 서남문대교를 지나 도초도 화도천까지 1천여 대의 화물차가 한 그루씩 옮겼다.

　나무들이 지친 상태였다. 묘목을 식재한 것이 아니라 나이가 50살에서 100살이 넘은 나무들을 옮겨 심다 보니 대한민국 내 나무

　　　　　　　　　　　　　　　　　　　　1부_ 신안의 생명

전문가들은 다 불러모아 자문을 얻어야 했다. 하지만 어렵게 식재된 나무들이 안정을 취하지 못하고 시름시름 앓기 시작했다. 물 빠짐이 문제라는 전문가의 의견에 공무원들이 삽을 들고 식재된 한쪽 면을 파서 물 빠짐이 좋은 사질토로 바꿨다. 또 시름시름 앓았다. 성토된 흙이 부족하다고 하자 중장비로 나무를 들어 올리고 흙을 더 쌓았다.

밀식·식재가 문제라느니, 흙이 안 좋다느니 전문가들의 이야기에 따라 모두가 움직였다. 이번에는 물이 부족하다고 하였다. 나무뿌리에 물을 주는 것만으로 부족하여 공무원들이 나무 꼭대기로 올라갔다. 물을 올릴 관hose을 연결하여 나뭇잎에 직접 물을 주었다.

전문가들이 한마디씩 이야기할 때마다 사람들이 700여 그루의 나무에 달라붙었다. 조경 교재는 도움이 되지 않았다. 전문가 자문에 공무원과 관계자들은 지칠 정도였다.

조경수를 식재하면 10%가 적응하지 못해 죽는 것이 일반적이라 문제가 되지 않는다. 그러나 전국에서 어렵게 기증받아 고생하며 모셔온 나무였다. 나무마다 영혼을 가지고 있다고 믿었다. 한 그루도 보낼 수 없다는 마음으로 움직였다. 주민들도 함께 삽을 들고 매달렸다. 그렇게 1년이라는 긴 시간이 흘러 봄이 되자 팽나무에 순이 나기 시작했다.

주민들과 공무원들은 아침마다 팽나무를 보며 파아란 봄 순이

나고 있는지를 확인하는 버릇이 생겼다. 감사하게도 모두의 마음과 정성으로 옮겨진 나무들은 각자 파란 싹을 틔워 올렸다.

당시 도초면사무소에 근무하며 토지 매입부터 성토 과정에 참여 했던 김대환 부면장은 팽나무 십리길을 둘러보며 "나무마다 태어난 지역과 기증자의 이름이 있는 주민들의 땀과 마음이 숨 쉬고 있는 영혼의 숲이다. 각 지역에서 도시화되며 '팽'당할 위기의 팽나무에 서 역사를 바꾸는 나무숲으로의 변신을 통해 모두에게 쉼터가 되는 환상의 정원을 이루었다"라며 눈시울을 적셨다.

팽나무를 비롯해 후박나무와 가시나무, 감탕나무 등 상록수 3,016그루와 관목 30만 본, 그리고 초목 30만 본을 심은 팽나무 십 리길은 환상의 정원으로 거듭났다. 사후 관리는 주민들의 몫이 되 었다. 노인들과 마을 유휴 인력을 모아 잡초를 제거하고 주민 교육 을 통해 '정원해설사'로 양성하며 모두가 함께 가꾸는 정원이 된 것 이다.

화도 마을 입구에 도착하면 차가 필요 없다. 팽나무 숲길인 환상 의 정원에 도착하면 녹음이 울창한 팽나무 십리길을 걸으며 수국공 원에 다다르게 된다. 동자승의 해맑은 웃음처럼 맞이하는 수국을 바 라보면 자연스레 마음의 문이 열리며 얼굴에 미소가 번질 것이다.

환상의 정원은 수국축제와 함께 유명해졌고 2020년에는 전라남

둑방에 식재된 팽나무와 수로에 비친 도초도 팽나무 십리길

도의 도시숲 평가에서 대상을, 2021년에는 산림청이 주관한 녹색
도시 우수 사례 중 가로수 부문과 산림행정평가에서도 우수상을 받
았다.

신안군은 2008년 사계절 꽃피는 섬을 조성하는 사업에 군민들
의 참여를 유도하기 위해 주민 소득과 연계되도록 휴경지나 유휴지
에 양묘 사업을 권장하고, 참여하는 주민에게는 묘목 대금과 퇴비
등 생산비 50%를 지원하고 판매와 운송비도 지원할 수 있도록 「신
안군 경관 조성 및 관리지원 조례」를 제정했다. 이 조례로 신안군의
'주민 참여형 경관식물 재배' 제도가 태어나 가시나무, 후박나무, 배
롱나무, 황칠나무, 먼나무 등 섬별로 경관식물을 지정해 관리가 시
작되었다.

팽나무 십리길을 걷다 보면 만나는 수국공원

　2018년에는 10년 동안 키운 나무를 판매할 수 있도록 조례를 개정하였다. 10년 동안 정성으로 키운 경관수는 군에서 일괄구매 약정을 하였고, 5년 동안 군으로부터 매년 20%씩 양묘 대금을 지급받고 있으며, 양묘된 나무는 신안군이 전량 숲 조성용으로 식재했다.

　섬에서 식재된 묘목들은 주민들의 정성에 힘입어 생장 상태가 좋은 데다 섬 내에 이식되기에 운송 거리도 아주 짧고 필요한 만큼 안정적으로 공급되며 이식된 나무도 동일한 환경이라 활착도 잘되어 경관식물로서 숲 조성에 큰 역할을 하고 있다.

1부_ 신안의 생명

신안군은 더 많은 주민 참여를 통한 소득 증대, 그리고 일자리 창출을 도모하여 지역 주민의 삶의 질 향상에 이바지하기 위해 2023년에 「신안군 정원수 사회적 협동조합 육성 및 증진 등에 관한 조례」를 제정하여 조합을 통한 정원수 재배와 체계적인 공급 · 관리로 신안군이 중점적으로 추진하고 있는 사계절 꽃피는 1004섬 정원화 사업의 촉매제 역할을 톡톡히 하고 있다.

2018년에는 〈나무 심는 사람(장 지오노 작가, 프랑스 출신, 1953년 출간 작품)〉 만화영화animation를 각 읍면별로 상영하여 나무 심기 붐을 조성하는 데 기여토록 하였다.

신안군청의 섬 정원화 사업은 주민들의 농가 소득을 증대시키며 삶의 질도 향상시키고, 관광자원에도 기여하는 훌륭한 정책이 되고 있다.

수목 식재 작업을 총괄하는 장유 팀장은 신안군의 나무 심기 사업과 관련하여 "과거 섬에 있는 나무들은 상록수림이 울창했으나 솔잎혹파리 피해 등으로 잘리고 육지로 반출되면서 모두 황폐화되었다. 1970년대는 정부가 소나무 중심의 산림정책을 추진하다 보니 산의 우점종이 곰솔이 되었으나 지구 온난화로 소나무는 재선충 피해가 크고 경제림으로도, 환경림으로도 가치가 떨어졌다. 그래서 주민의 삶의 질 향상뿐 아니라 신안의 고유한 나무를 복원하려는 취지를 가지고 팽나무와 녹나무, 후박나무 등 섬의 토종나무를 심

수국 언덕과 팽나무 십리길이 하나 된 도초도

고 있다"고 설명하였다.

　팽나무 십리길을 지나면 폐교된 도초서 초등학교 주변에 1,004만 송이의 다양한 색상으로 수놓은 화려한 수국공원이 조성되어 있다. 2023년 6월 열흘 동안 2만여 명의 방문객이 축제장을 찾아 다채로운 수국의 아름다움을 가슴에 품고 떠났다.

　수국 성분이 알코올로 인한 신경세포 파괴를 억제해 알코올성 치매를 예방하고, 간을 보호하는 데 효능이 있다는 연구 결과를 토대로 2019년에는 의약품 제조회사인 상아제약과 '신안 섬 수국 상품 자원화를 위한 공동 업무협약'을 체결하여 건강상품인 기능성 숙취해소음료 '블랙아웃'을 탄생시켰다. 신안군의회에서도 「신안군 수국의 섬 조성 및 지원 등에 관한 조례」를 제정하여 도초도 수국 재배 농가에 묘목 구입비와 시설비 등을 지원할 수 있도록 제도를 만들었고, 상아제약은 건강상품 개발에 필요한 수국 물량을 안정적으로 공급받게 됐으며 주민들도 안정적인 소득원을 확보했다.

1976년 신안 앞바다에서 발굴된 도자기를 비롯해 많은 유물로 세계를 놀라게 한 신안해저유물의 상징 섬 증도曾島는 1323년도의 역사가 오늘까지 이어지는 섬이다.

2007년 아시아에서 처음으로 참살이 도시slow-city로 지정받아 '천천히'를 통해 느림의 미학을 찾는 관광지로 부각된 섬이다. 신안 군청은 '향기의 섬'으로 지정하여 향기로운 향이 섬을 넘어 육지까지 간다는 만리향의 상록활엽수목을 식재하였다.

봄이 다가올 때쯤 사람들은 나무 시장을 방문하여 향기 나는 나무를 찾는데, 묘목상에서는 살구와 자두 같은 향기가 만리까지 간다는 금목서와 은목서 등을 추천한다. 만리향으로 불리는 금목서와 은목서는 세계적인 향수 샤넬(NO. 5) 재료 중 하나로 사용될 정도로 향기가 좋으며 돈나무는 5~6월에, 금목서와 은목서는 9~10월에 꽃망울을 활짝 피운다.

이 나무는 가뭄과 소금기에 강하여 우리나라 서남부지역 바닷가에서 잘 자라 해안가에 방풍림防風林이나 방사림防沙林용으로 심기도 한다. 신안에서는 이러한 역할을 하는 나무나 돌담을 '우실'이라고

증도면 중동리에 미세먼지 차단을 위해 조성된 숲길

부르는데, 해안가에는 대부분 나무를 식재하고 마을에는 돌로 담을 쌓아 바람과 모래의 피해를 막으며 생활을 유지해왔다. 증도의 바닷가 우전해수욕장 10만 그루 해송숲 4㎞에는 관목인 돈나무와 금목서, 은목서 6,400그루가 국제교육과학문화기구 세계자연유산인 갯벌의 가치를 알리는 신안갯벌박물관까지 연결되어 있다.

증도대교를 지나면 2㎞ 구간에 서양에서 온 꽃이 난처럼 이쁘다고 하여 양옥란洋玉蘭이라 불리는 미국 목련 태산목泰山木 정원이 제일 먼저 맞이한다. 미국 버락 오바마Barack Hussein Obama 대통령이

2014년 한국을 방문할 때 세월호 참사로 힘들어하는 대한민국 국민의 마음을 위로하기 위해 가져와 안산시 단원고등학교 교정에 심어 널리 알려진 귀한 나무다. 목련보다 꽃이나 잎이 커 태산목이라 불리며 5월에 목련보다 더 큰 흰 꽃이 피는 귀하고 값비싼 조경수다.

그런데 신안군은 조경수를 한 줄 심기도 아니고 세 줄 심기로 식재하여 사람들을 놀라게 했다. 태산목이 염분과 공기 오염에 강한 나무기는 하지만 바람에는 약한 편이다. 그래서 도시에서 보편적인 한 줄 심기나 두 줄 심기를 넘어 신안은 세 줄 심기로 식재했다. 물론 산림청의 미세먼지 차단 숲 조성 사업(2022년) 성격과도 맞았기 때문이다. 우리나라에서 귀한 태산목이라 도로에 세 줄 심기로 3,800그루를 식재하여 태산목숲을 조성한 지방자치단체는 신안군이 처음이다.

신안군의 섬 정원화 사업에 투입되는 예산 전부를 신안군이 부담하지는 않는다. 자주 재원이 열악한 신안은 전라남도와 산림청 등 광역자치단체와 중앙정부의 공모 사업을 최대한 활용하여 지방비 부담을 줄이는 지혜를 모은 결과 2018년부터 2023년까지 국비 280억 원을 확보하였다. 그리고 전국에 있는 나무를 찾아다니며 나무 주인에게 도움을 청한다. 구매 예산이 없으니 기증을 청하고, 기증된 나무에는 전부 이름표를 달아준다. 훗날 기증자와 그 후손이 방문하여 할아버지 할머니의 이름표를 보고 웃으며 추억하게 될 것이다.

신안의 나무 심기는 단순히 조경수만 목적이 아니라 탄소를 흡수하고, 그늘을 만들어 걷고 싶은 길을 만들기 위함이다. 그래서 신안의 나무 정원들은 기본으로 2열 심기나 3열 심기, 4열 심기를 추진하고 밀식으로 식재한다. 신안은 바람이 많이 불고 토양이 척박하여 수목이 성장하기 어려운데, 나무를 촘촘하게 심어 서로 의지하게 만들면 수목이 활착하고 잘 자란다는 것이 신안군 설명이다. 또 난대 기후에 잘 적응하는 상록활엽수를 식재한 것은 지구 기온이 올라감에 따른 날씨 상황에 선대응하고 사계절 꽃이 피며 숲이 울창한 세계 최대 섬 정원을 만들기 위해서다.

고이도 선착장 인근 5천 평에 조팝나무를 식재하는 사업은 전라남도가 추진한 '2023 주민단체 참여형 숲 조성'에서 사업비를 확보하였다. 항일농민투쟁과 김대중 대통령의 고향인 하의도에는 '한반도 평화의 숲'을 시작으로 인동귤(하귤이라고도 하는데 신안군에서 추운 겨울을 지나 다음 해 7~8월 수확하는 것을 감안하고 김대중 대통령의 고향으로 인동초와 더불어 인동귤로 부르기로 함) 1만 2천 본을 심고 있다. 신의도에는 기후 열대화로 변화된 환경에 1만 5천 본의 올리브나무 생산단지를 조성하고 있다.

1부_ 신안의 생명

여덟 개 섬이 모여 팔금도가 된 섬 1만 평에는 황금사철나무와 은행나무를 식재하였고, 봄에는 5만여 평의 유채꽃이 개화하여 황금들판으로 물들인다.

수치도에는 3만 평에 삼색병꽃나무, 안좌도에는 5만 평에 보라색 백일홍과 비금도에는 붉은색 백일홍을, 신의도에는 5만 평에 다정큼나무, 자은도 1004미술관공원1004museum-park 내에는 13만 평에 목련을, 화도 2만 평에는 붉은색 홍도화 등 섬별로 특화된 나무를 식재하고 있다.

임자도는 조선 최고의 매화 화가로 유명한 우봉 조희룡 선생의 유배지다. 박우량 군수는 150년 전 임자도에서 유배 생활을 한 조희룡 선생에 착안하여 2021년 새해 아침에 임자도를 '홍매화의 섬'으로 선포한 후 홍매화 1만 주를 식재하고 4만 주를 양묘하기 시작했다. 홍매화는 500년 이상 생육하는 특성이 있어 3월이 오면 임자도는 우봉 조희룡 선생의 대작인 「홍매대련」처럼 홍매화가 만발한 섬이 될 것이고, 2026년부터는 홍매화 축제가 열릴 예정이다. 홍매화 축제와 튤립꽃 축제가 12km의 긴 해수욕장, 그리고 해수욕장 입구에 있는 조희룡미술관과 어우러져 임자도의 봄은 꽃과 향으로 가득할 것이다.

일반적으로 우리나라 도시공원은 '휴식, 운동 등의 시설 이용 및 경관 기능' 등으로 식물학적 기능은 강조되지 않는다. 반면 정원은 '유전자원의 보전과 재배·가꾸기 등을 통한 자원화의 식물학적·공원적 기능'을 추진하고 있다. 그래서 현재 신안군은 섬의 정원화 사업을 궁극적 목표로 삼고 「수목원·정원의 조성 및 진흥에 관한 법률」에 의한 국가정원을 준비 중이다.

국가정원으로 지정되면 정원 관리 비용을 국비로 지원받아 여러 섬 정원을 안정적으로 관리하고 유지할 수 있는 기반이 마련될 뿐만 아니라 그 자체로 홍보 효과를 얻고, 정원의 위상도 한층 높아져 많은 방문객이 섬을 찾을 것이라 기대하고 있다.

현재 우리나라의 국가정원은 전남의 순천만 국가정원과 울산의 태화강 국가정원 두 곳이 있다. 국가정원으로 지정되려면 정원 총 면적이 30만㎡ 이상이어야 하고, 주제별 조성 정원이 다섯 가지 이상이어야 한다. 그리고 정원 관리 전담 인력을 8명 이상으로 하여 지방정원으로 등록한 후 3년 이상을 운영하고 평가 결과가 70점 이상을 넘어야 자격이 주어진다.

　　문재인 대통령이 지구 온난화 위기를 극복하기 위해 30억 그루의 나무를 심겠다는 정책을 국제적으로 선언한 바 있다. 이를 현장에서 가장 확실히 실천하는 지방자치단체가 신안이다. 박 군수가 선출된 2006년부터 2023년 상반기까지 식재된 나무만 538만 그루다.

　　산림청과 전라남도가 주관하는 '아름다운 숲' 평가의 경우 공존상, 생명상 등을 수상하였고, 도시 부문의 가로수 부분 등에서 매년 여러 개의 상을 받고 있다.

　　바다 위 섬들은 나무 식재를 통해 바닷바람과 염분으로부터 농경지와 주민의 삶을 보호하면서 천 년을 살아왔다. 신안에서 진행하는 섬마다 나무 심기는 기후 온난화 시대를 넘어 지구 열대화 시대를 극복하기 위한 혁명을 추진하고 있다.

섬마다 미술관,
섬마다 박물관

'검소하지만 누추하지 않고, 화려하지만 사치스럽지 않다'라는 검이불루 화이불치儉而不陋 華而不侈는 백제의 온조왕이 재위 15년에 도읍을 옮기는 과정에서 내린 지침이다. 아무래도 백제의 역사가 묻힌 신안이 이런 온조왕의 뜻을 받들어 신안군 관내 유인도에 만들고 있는 미술관과 박물관에 적용한 방침인 듯하다.

섬에는 저마다 고유한 생태계가 있으며, 그 생태계와 호흡하며 형성된 문화와 역사가 있다. 그리고 그 과정에서 사람들이 태어나 성장하고 도시로 나가기도 한다. 섬에는 세공하지 않은 보석들이 널려 있지만, 그 가치를 알아보는 사람도 없었고 시대에 맞게 다듬지도 않았다.

박우량 군수는 이러한 섬들의 역사를 해석하고 재평가하여 주민들이 자긍심을 가질 수 있는 '살고 싶은 섬'으로 만들고 싶었다. 그래서 섬 주민들도 섬 밖 사람들처럼 섬에서 문화를 향유할 수 있도

압해도의 저녁노을미술관

록 한다면 떠나고자 하는 마음보다 섬에 살고 싶은 마음이 생길 것
이라 믿었다. 그러면 섬 밖 사람들도 섬 안으로 모여드는, 가고 싶
어 하는 섬이 될 것이다.

　신안군은 섬마다 한 개 이상의 박물관 또는 미술관을 조성하고
있는데, 많은 이가 평생 일구고 품어온 작품들을 기증하면서 또 하
나의 역사를 만들고 있다.

　압해도의 높지 않은 송공산(234m) 남쪽 중턱에 자리 잡은 '저녁
노을미술관' 2층에서 바라보는 다도해의 저녁노을은 너무도 아름

　　　　　　　　　　　　　　　　　　　　1부_ 신안의 생명

답다. 서남해안의 다도해와 함께 압해도 앞바다에 설치된 지주식 김 양식 장대들이 바닷물을 뚫고 솟아 있는 모습은 한 폭의 수묵화처럼 보인다. 일몰을 앞두고 번지는 노을은 김 양식 지줏대와 함께 다도해에 자연색 물감을 풀어놓는데, 그 아름다움에 넋을 놓기도 한다.

저녁노을미술관은 5만여 평 부지에 분재원, 야생원, 작은 수목원, 생태연못, 화목원, 유리온실 등을 갖춘 '1004섬 분재공원' 내에 자리 잡아 공원과 조화를 이루는 공간으로 수많은 분재와 아름다운 나무들, 그리고 미술 작품을 함께 감상할 수 있는 곳이다.

저녁노을미술관은 신안군 신의도 출신의 한국화 거장 우암 박용규 화백이 소장한 104점과 동·서양화 소장품 65점을 신안군에 기증하며 2014년 3월에 개관하였다. 2층에는 박용규 화백의 상설 작품이 전시되어 있기도 하다.

박용규 화백은 대한민국미술대전에서 연 4회 특선을 수상하며 미술계를 놀라게 한 작가로 대한민국 미술대전과 전라남도 미술대전 심사위원을 역임했다. 지금도 작품 활동을 하는 한국화의 거장으로 조선 남종화南宗畵(문인들이 수묵과 담채를 사용하여 내면의 세계를 표현하는 산수화의 2대 화풍)를 창시했다는 소치小痴 허련許鍊, 그리고 남종화를 중흥시킨 남농南農 허건許楗의 외손으로 몸 안에 화가로서의 유전자를 가지고 태어났다.

어린 시절부터 두각을 나타냈으나 그림으로 먹고살 수 없다는 집안의 반대로 붓을 놓았다가 청년이 되어 다시 붓을 들었다고 한다. "그림 그릴 때는 배고픔도 몰랐다. 붓을 놓고 보니 가족들이 추위와 배고픔에 고통받고 있음을 알았지만 나는 붓을 들 수밖에 없었다"는 우암 박용규 화백은 뼛속까지 화가로 남도南道 화풍의 맥을 이어가고 있는 듯하다.

박용규 화백은 "보잘것없는 내 작품을 보고 신안군이 기증을 제안하길래 나이도 들고 작품 보관할 곳도 변변치 않아 걱정하던 차에 '너무 고맙다'며 흔쾌히 받아들였다"며 겸사謙辭의 말씀을 하였다.

저녁노을미술관은 개인이 운영하는 작은 사설 미술관이 아니라 「박물관 및 미술관 진흥법」 규정에 맞게 2020년 5월 등록된 미술관이자 신안군청이 설립, 운영하는 제1호 공립미술관이다. 2층에 마련된 카페에는 월간 〈미술 세계〉 백용현 대표이사가 30여 년 동안 수집한 미술과 관련한 다양한 서적과 화집 5천여 권으로 다도해를 마주한 한쪽 벽에 가득 채워 작은 미술도서관으로의 위상을 확보하였다.

우리나라에는 미술 전문 도서관으로 대구 달성군에 '대구 아트 도서관(관장 허두환)'이 유일하다. 대구 아트 도서관은 사설 도서관으로 미술 서적 10만여 권이 소장되어 있다. 그러나 인구 5만 명 미만의 작은 기초지방자치단체가 전문 미술 서적을 소장하여 방문객들을 기다리는 일은 없다. 그래서 저녁노을 도서관 2층에서 보는 미술 서적은 한 폭의 다도해 화보처럼 미술관을 찾는 방문객들에게 또 다른 즐거움을 안겨준다.

공립 전문 미술관으로 아이들과 주민들이 문화예술을 배우는 신안의 미술 교육 공간으로의 역할도 수행하고 있다. 2022년부터 본격적으로 시작한 미술관 교육 프로그램은 크게 학교 연계 교육 프로그램과 주말 교육 프로그램으로 나뉜다. 학교 연계 교육 프로그램은 전남도 유·초·중·고 학교를 대상으로 활동지를 통해 미술관 예절을 배우며 올바른 미술 감상법을 학습하는 교육이다. 주말 교육 프로그램의 경우 한지공예, 세밀화Botanical Art 배우기, 판화 수업 등 다양한 예술 체험을 제공하며, 2023년 12월 기준 108회 400여 명이 참여하였다.

압해도를 상징하는 붉은 애기동백은 '1004섬 분재공원'의 중심축일 뿐만 아니라 2만 그루의 애기동백 꽃Camellia sasanqua(일본 품종) 길이 조성되어 있어 겨울마다 '섬 겨울꽃 축제'를 개최하는데 이와 연계하여 저녁노을미술관에서 동백을 주제로 한 전시를 선보이고 있다.

2019년에는 국내외 동백꽃 화가로 유명한 여수 출신 허주 강종열 화백의 '동백, 노을빛을 품다' 초대전을 통해 동백꽃의 아름다움과 제주 4·3항쟁과 여순 10·19항쟁의 아픔을 동백冬柏으로 표현하며 역사의 진실을 밝히는 전시회를 열었다. 이후 매년 다수의 작가가 애기동백과 관련한 회화전을 열고 있다.

자은도 양산 해변 공원 사구 위에 자리 잡은 세계조개박물관은 해남의 땅끝 해양자연사 박물관 임양수 관장의 기증으로 이루어져 완성된 박물관이다. 갯벌 생태계가 얼마나 건강한지를 보여주는 환경 지표종은 패류貝類인 조개와 고둥이다.

인간은 문명을 개척하면서 바닷길을 이용하였고, 그 과정에서 여러 흔적을 남겼다. 우리 눈에는 보이지 않지만 바닷속과 해안가에는 그 흔적들이 남아 있다. 그중 하나가 조개다. 조개류는 여과섭식濾過攝食이라는 먹이활동을 통해 인간이 배출한 이산화탄소를 바닷속 조개가 받아서 패각으로 태어나게 하고 산소를 배출하는 기능을 통해 바다를 생명의 터전으로 회복시켜준다. 그 활동이 가장 왕성한 곳이 갯벌인데 신안군의 갯벌은 세계 최고의 갯벌을 자랑하고 있다.

신안 갯벌은 2010년부터 습지보호지역으로 지정되었고, 2018년에 현재의 1,100.86㎢ 면적으로 확대, 2021년에 세계자연유산으로 등재되었다.

신안군은 광활한 신안 갯벌을 국내외 다중 보호지역으로 지정하여 갯벌 생태계에 대한 보호 관리 체계를 강화하고 지역 주민들의 보전의식을 높이는 데 앞장서는 지방자치단체다.

패류와 바다 전문가로서 신안 갯벌에 늘 관심을 가지던 임양수 관장은 신안군 지역 전체를 국제연합교육과학문화기구^{UNESCO}의 생물권보전지역인 세계자연유산으로 인정받기 위해 갯벌을 관리하는 데 앞장서는 신안군에 감동받고 있었다. 우리나라 갯벌이 세계유산위원회 심의를 통과하기 위한 여러 항목 중 갯벌의 지속가능한 보호 관리 체계 중 하나인 교육과 연구를 할 박물관이 없음을 알고 전 세계에서 40여 년 동안 수집해온 패류를 기증하기로 한다.

임양수 관장은 "갯벌에 서식하는 패류는 생존 과정에서 갯벌을 정화시키고, 이 과정에서 흡수한 이산화탄소로 조개껍데기를 만든다. 조개는 생태계 건강성을 대변하는 지표종이다. 기후 위기 시대 갯벌은 반드시 살려야 하는 공간인 데다 신안군은 우리나라에서 가장 좋은 갯벌을 보유하고 있는 지역으로, 그동안 갯벌을 지키기 위해 노력하는 모습을 멀리서 봐왔다. 신안군이 오랜 기간 세계자연유산에 등재하고자 노력하는 진정성을 확인하면서 응원과 함께 동참하는 방법으로 평생 모아온 조개를 기증하기로 결심했다. 내 삶의 일부인 조개를 기증함으로써 세계자연유산 등재에 도움이 되고 신안의 갯벌을 지킬 수 있다면 그 자체가 기후 위기를 극복하는 데에 보탬이 될 것이라는 믿음 때문"이라고 밝혔다.

2017년에 기증된 조개류는 세계 어느 박물관에서도 보기 힘든

바다의 중요성을 알리는 세계조개박물관

희귀한 조개와 고둥 3천여 종이 포함된 총 1만 1천여 점으로 2020
년 8월에 역사적인 조개 박물관이 개관되면서 전시되었다. 모두의
염원을 나눈 결과로 2021년 무더웠던 여름 7월 31일 제44차 세계
유산위원회에서 신안 갯벌을 세계자연유산으로 등재하는 데 성공
했다.

세계조개박물관 자체가 백합 조개를 형상화한 건축물로 외관을
멀리서 보면 유려한 곡선으로 이루어져 있다. 전시관에 들어서는
순간 수많은 종수를 자랑하는 커다랗고 다양한 조개와 고둥을 보며
절로 입이 벌어진다.

섬 출신이라 어릴 적 바닷가에서 뛰놀았던 나도 처음 보는 고둥을 보고 놀라움에 입이 벌어졌다. 사람을 잡아먹지 않지만 크기가 커서 공포를 느끼게 하는 대왕 조개, 사랑을 상징하는 하트 조개, 천사 날개 같은 조개, 남미의 캉캉 춤 출 때처럼 휘날리는 치마 같은 고둥과 앵무새 같은 고둥, 국화꽃 같은 조개 등 크기와 종류가 다양해서 한참을 머물러 있었다. 김순금 해설사의 설명도 시간 가는 줄 모르게 재미있으니 독자 여러분도 기회가 된다면 해설을 함께 신청해 들어보길 권한다. 박물관에서 멸종 위기종인 나팔고둥과 세계에서 가장 큰 오스트리안 트럼펫고둥, 기원전부터 화폐로 쓰였던 개오지고둥 등을 보며 상상하지 못했던 자연의 위대함을 느꼈다.

세계조개박물관 2관은 인류와 함께한 패류의 역사를 소개한다. 악기와 화폐는 먼 옛날부터 인류와 함께해왔다. 군대 신호용이나 불교 등 종교 의례 때 사용한 갑각류 악기, 아프리카나 인도차이나에서 최근까지도 화폐로 쓰인 조개 화폐가 대표적인 사례다. 그리고 어릴 적 집 안에서 흔히 볼 수 있어서 우리에게 친숙한 전통 조개 공예인 나전 공예도 관람할 수 있다.

활동적인 아이들을 위한 체험 공간도 준비되어 있다. 아이들과 함께 관람하기 좋은 아름다운 세계조개박물관은 신안군 제1호 공립 박물관으로서 자연이 만든 위대함을 엿볼 수 있다. 박물관 조개와 고둥은 기후 위기의 심각성을 느끼는 귀한 공간으로도 역할을 톡톡히 할 것이다.

바위가 깨져서 돌이 되고, 돌이 깨져서 자갈이 되고, 자갈이 깨져서 모래가 된다. 자연은 변화를 통해 자연스럽게 유지되는 것이고, 자연물들이 제자리에 있을 때 그 아름다움이 발현된다고 생각한다. 1004섬 수석미술관에 전시된 수석壽石은 어떤 옷을 입히느냐에 따라 엄청난 변화가 있으며, 돌멩이가 생명을 가졌고 그 아름다움이 예술로 태어남을 1004섬 수석미술관에서 느낄 수 있었다.

제주도에 가면 고故 신철주 북제주 군수와 백운철 전前 탐라목석원장이 협력하여 만든 돌문화공원이 있다. 제주의 다공질 현무암으로 제주 신화 설문대할망을 형상화한 돌을 전시한 공원이다. 돌문화공원이 제주 용암이 분출하여 흐르는 과정에서 다양한 형상을 만든 것을 전시하였다면 신안의 수석미술관에서는 물과 바람이 만든 다양한 형태의 돌멩이가 애석인愛石人 수석 전문가와 목공木工을 만나 수석壽石이라는 예술로 태어났음을 감상할 수 있다.

신안의 수많은 섬이 제각기 다양한 삶의 이야기가 있는 것처럼 1004섬 수석미술관에도 수많은 이야기를 품고 있는 수석들이 있다. 수석 미술관의 다공질多孔質, porosity 현무암玄武巖, Basalt 수석 전시장에는 원수칠, 강희원, 김성국 세 사람의 이름과 얼굴이 보인다. 이 세 작가의 인생이 모여 오늘날 1004섬 수석미술관이 태어났다.

자은도의 1004섬 수석미술관

　원수칠 관장은 50여 년 동안 수집한 수석 1004점을 신안군에 기증하였고, 김성국 씨는 예장석 310점을 기증했다. 강희원 씨는 야외 수석 조경을 맡아서 새로운 예술 공간으로 태어나도록 이끌었다. 1004섬 수석미술관 연출을 도맡아 자문한 원수칠 관장은 "남도를 떠난 자식들에게도 수석 한 점 주지 않았지만, 신안군의 기증 제안 의미를 이해하고는 기꺼이 기증"했다는 우리나라 최고의 수석 전문가 중 한 사람이다. 수석 전문가의 상상력으로 이루어진 목공예 좌대와 수석과의 만남 중에 〈흡연하는 아들과 금연하는 아버지와의 대화〉나 〈노승과 도인의 대화〉를 보면 웃음이 저절로 난다.

자은도의 1004섬 수석미술관과 임자도의 조희룡미술관은 어느 미술관과는 다르게 증강현실増強現實, Augmented Reality을 통해 작품을 생동감 있게 감상할 수 있도록 설계되어 있다. 조선 시대 신선도와 풍속화의 대가 단원 김홍도가 그린 〈구룡폭포〉 앞에 수석 한 점이 놓여 있는데 갑자기 폭포에서 이무기가 날아와 관람객을 놀라게 한다. 4차원 안경을 쓰지 않고도 가상세계와 관객이 하나로 소통할 수 있도록 설계가 되어 있어 이곳이 전시관을 넘어 미술관으로 불리는 이유를 이해할 수 있다. 낚시하는 토끼와 나비가 가상현실로 나타나는 작품 〈어해도〉는 손짓 발짓을 하며 보는 아이들과 하나가 된다. 특히 1004섬 수석미술관의 전문 해설사인 권상옥, 서상현 부부의 전라도와 경상도를 넘나드는 맛깔스러운 해설은 수석에 대한 이해를 돕는다.

"수석은 움직이지 않으며 감각이 없는 무생물이지만, 상상의 나래 속 수석은 다양한 몸짓과 연상을 통해 우리에게 큰 감흥을 안겨주는 살아 있는 생물"이라고 전시장에 쓰인 글귀대로 자연의 신비함과 수석전문가와 목공예가木工藝家의 손길이 만나 수많은 세상 이야기를 풀어내고 있었다.

1004섬 수석미술관 야외 수석 정원에는 장엄한 아름다움을 자랑하는 3천여 톤에 이르는 기암괴석과 200여 종의 야생화, 100여 그루의 다양한 분재가 어우러진 정원이 조성되어 있다. 양산해수

축구장 70개 면적인 15만 평의 해양 종합 휴양림 1004 뮤지엄파크

욕장의 파도와 갈매기 소리를 함께 듣고 있노라면 신선들이 노닐던 무릉원武陵園이 이런 곳인가 하는 상상을 하게 된다.

이곳에 갈 때는 미술관과 전시관을 함께 둘러볼 수 있는 통합관람권을 구매하면 50% 할인된 가격으로 여섯 곳의 미술관과 박물관을 둘러볼 수 있다.

세계조개박물관과 1004섬 수석미술관은 1004 뮤지엄파크에 있다. 1004 뮤지엄파크는 양산해수욕장과 휴양림, 미술관과 박물관, 목련정원 그리고 신안새우란전시관, 신안자생식물연구소 등이 하나로 어우러져 삼림욕까지 가능하도록 조성되었다. 신안군이 구상하는 섬별로 박물관과 미술관 그리고 나무와 꽃 정원 등을 집적시킨 축구장 70개 면적인 15만 평의 해양 종합 휴양림이다.

우리나라 서남해안의 끝 흑산군도는 동아시아 대양을 이동하는 철새가 쉬어가는 곳이다. 우리나라에서 확인된 600여 종 중 420종 이상이 확인된 국내 최대 철새 중간 기착지다.

지구상에 살아가는 동물 중 대륙을 이동하며 살아가는 새나 물고기들은 주로 남극과 북극을 사이에 두고 이동한다. 이렇게 대양이나 대륙을 이동하는 새들에게 생명체가 풍부한 습지와 작은 섬들은 중간 기착지로써 중요한 공간으로 자리 잡고 있다. 한반도를 지나는 철새들은 몽골과 시베리아, 알래스카 등에서 출발하여 우리나라 습지와 섬에서 재충전한 후 길을 나선다.

고양시의 장항 습지를 비롯한 한강 하구, 천수만, 서천과 군산의 금강하구, 창녕 우포늪, 순천만, 낙동강 등은 동아시아-대양주 철새이동경로EAAF(East Asian-Australasian Flyway)에 있어 더욱 중요하다. 50여 년 전까지만 해도 새들의 휴식 장소가 되어주던 농지가 대부분 도시화되어 쉴 곳이 사라지는 바람에 서남해안은 더 중요한 곳이 되었다. 그중 흑산도와 홍도, 장도, 영산도, 다물도, 대둔도, 태도 등 인근 작은 섬인 흑산군도는 철새들의 중요한 휴식처이자 재충전 공간이다.

2011년부터 주요 지역을 동아시아-대양주 철새이동경로로 지정하여 철새 서식지 보호를 위해 노력하고 있다. 더불어 신안 섬들은 국제연합교육과학문화기구 세계자연유산과 생물권보전지역, 람사르습지, 습지보호지역, 다도해해상국립공원, 갯벌도립공원 등으로 지정하여 제도적으로 관리하면서 보존하는 공간이기도 하다. 신안군은 철새이동경로의 특징을 활용하여 신안철새박물관과 신안새공예박물관 그리고 야외에 새조각공원을 만들어 흑산도 전체를 새로 특화한 섬으로 변화시키고 있다.

흑산도에는 우리나라에서 최초로 만든 조류 관련 전문 연구 및 교육 기관인 조류연구센터가 있다. 환경부 국립공원공단 소속인 국립공원연구원은 2005년에 흑산군도의 홍도에 철새연구센터를 설립하다가 2010년에 연구 영역과 기반 시설 확대를 위해 흑산도로 옮겼고, 2018년에 현재 이름으로 태어나 우리나라 조류 전문 연구 및 교육 기관으로의 위상을 가지고 다양한 연구를 진행하고 있다.

신안군도 흑산도를 찾는 관광객과 지역의 미래 세대들이 새에 관해 흥미와 관심을 가질 수 있도록 2015년에 철새박물관을 개관하였다. 철새 연구기관은 박물관과 상부상조하여 협력 효과를 내고 있다. 철새박물관에는 흑산군도에서 발견된 철새 표본 500여 개체가 전시되어 있는데, 박물관 1층에 전시된 흰배줄무늬수리는 2007년

우이도 주민이 발견한 것으로 현재 국내 유일한 표본이기도 하다.

흑산도는 국내 겨울 철새 흰꼬리수리 번식지로도 유명하다. 2000년 초 흰꼬리수리가 흑산도에 번식하고 있다는 사실을 국내 최초로 생태작가가 확인함으로써 조류학계에 큰 반향을 일으켰다. 흑산군도 사람들이 호랑이를 닮은 수리라 하여 호문조虎文鳥라 부르는 흰꼬리수리는 날개 길이가 2미터가 넘는데 최근까지도 흑산도 일대에서 번식하는 것을 확인하였다.

철새박물관에는 방종호 화백이 3개월에 걸쳐 작업한 생동감 있는 흰꼬리수리 대형 벽화가 있어 박물관을 찾는 관람객들의 사진 명소로도 인기를 얻고 있으며, 과거 20년 동안 흑산군도에서는 25종의 미기록종이 관찰되기도 하였다.

철새박물관이 전시하거나 소장한 다양한 생물표본들은 번식지와 월동지를 이동하던 중 탈진하거나 사고사 등으로 발견된 죽은 새를 주민들이 박물관에 기증한 것이다. 박물관은 이를 표본으로 제작해 전시하고 있다.

주민들은 철새들의 생生과 사死를 함께하며 박물관을 조성하고 운영하고 있는데 철새 먹이와 서식지를 공급해주는 '생태계서비스 지불제 계약'과 '철새서식지 봄동 배추 먹이 공급사업' 등을 통해 봄, 가을 철새 이동 시기와 겨울 월동하는 새들과의 공생을 위해 노력하고 있다.

1부_ 신안의 생명

흑산도 주민들이 만들어가고 있는 흑산도 철새박물관

흑산도 철새박물관 실내 전시장

철새박물관에는 대한불교 조계종의 큰 스님 법정스님 사진이 있다. 과거 흑산도 사람들은 흑산도에 흔하디흔한 동백숲에 사는 동박새를 감탕나무 진액을 이용해 잡아 고구마와 과일을 먹이며 집마다 키우곤 하였다. 방문객들에게는 인근의 대나무로 새장을 만들어 동박새를 넣고 판매하며 부업을 하던 시기도 있었는데, 전남대학교 출신인 법정스님(속가명 박재철)은 학창시절 흑산도에 방문했다가 대나무 새장에 있는 동박새를 지인들과 매입한 후 사진을 찍고 새를 자연의 품으로 돌려보냈다고 하여 철새박물관 방문객들의 사랑을 받는다.

신안 철새박물관에서 바닷가로 조금 내려오면 새공예박물관과 새조각공원이 있는데 새공예박물관은 주민 재산인 어촌체험마을 건물을 군에 기증하여 만든 것이다. 새공예박물관에는 전 세계에서 수집한 다양한 새공예품이 전시되어 있다. 흑산도 새공예박물관을 조성하기 위해 군에서는 외부의 도움을 받지 않고 10여 년 전부터 새공예품을 직원들이 직접 수집해왔다. 신안군청 직원들이 공무 출장, 연수, 개인 여행 등으로 해외에 나가서 새와 관련된 공예품을 한두 점씩 사 오기 시작하였는데 현재 30개국에서 수집된 공예품이 1,200여 점에 이른다.

새조각공원에는 푸른 바다 앞에 짐바브웨의 쇼나 부족의 석공예 기법으로 제작한 새 조각품과 원석으로 이루어진 200여 점의 작품들과

안좌도의 세계화석박물관

비금도의 이세돌기념관

야생화가 바다와 어우러져 분위기를 형성한다.

신안군의 섬마다 미술관과 박물관 정책은 완성 단계에 이른 듯 하다. 서각 명인 정배균 관장이 기증과 창작을 통해 웃음을 주는 암 태도의 에로스 서각박물관, 지도읍 출신 박윤철 관장이 40년간 수 집한 광물과 화석류 2,174점이 전시된 안좌도의 세계화석광물박물 관, 천재 바둑기사 집안 이야기가 넘치는 비금도의 이세돌바둑박물 관, 흑산도 홍어가 미술관으로 태어난 박득순미술관, 군부독재와 맞서 평화적으로 투쟁하고 정권교체를 이룬 김대중 대통령의 고향

124

하의도의 지붕 없는 천사상미술관, 목포의 독지가가 기증한 매화작품과 홍매화 향기가 가득한 임자도의 우봉조희룡미술관, 장산도의 하얀미술관(화이트뮤지엄) 등 총 14개의 전시관이 시민들을 맞이하고 있다.

이외에도 송도의 자수박물관, 무한無限의 다리가 있는 자은도에는 이탈리아에서 왕성하게 활동하는 세계적인 작가 박은선 조각가와 스위스 출신의 '영혼의 건축가'로 불리는 건축의 거장 마리오 보타MARIO Botta 가 공동으로 설계한 박은선조각미술관이 들어설 예정이다. 일본 출신 야나기 유키노리YANAGI Yukinori의 안좌도 물 위에 떠 있는 미술관, 덴마크 출신의 올라퍼 엘리아슨OLAFUR Eliasson이 참여하는 도초도 수국정원 정상에 대지의 미술관, 영국 출신 안토니 곰리ANTONY Gormley의 비금도 바다의 미술관, 신의도 출신이자 1990년 국제 사면위원회Amnesty International가 선정한 세계 3대 양심수 홍성담 화백이 설계한 동아시아 인권과 평화미술관과 대한민국 정치 인물 사진을 담을 정치 인물사진 박물관, 신안의 자생식물과 항해의 해상 패권을 놓고 겨뤘던 역사적 무대를 재현할 압해도의 표류 박물관, 신의도의 한국 춘란 박물관 등이 개관을 위해 한창 공사 중인데 2025년까지 총 26개의 미술관과 박물관이 조성될 예정이다. 이렇게 많은 미술관과 박물관에 투입되는 예산의 58%가 군비로 자주 재원이 열약한 신안군 입장에서는 엄청난 재정을 투자하고 있는 것이다.

떠나는 섬이 되어 아이들이 사라진 폐교는 미술관과 박물관으로 재탄생하고, 주민들과 함께 지역 문화를 새롭게 창출하고 관광객들과도 소통하는 신안은 문화예술로 멈추지 않는 혁신을 꾀하고 있다.

생명의 보고 갯벌 지킴이

갯벌(getbol; tidal flat)은 '조수가 드나드는 바닷가나 강가의 넓고 평평하게 생긴 땅'으로 썰물 때 드러나는 부분을 말한다. 조류로 운반되는 모래나 점토의 미세입자가 해역에 오랫동안 쌓여서 형성된 지형이다. 바닷물이 빠져나가며 수위가 낮아지는 현상을 썰물이라 하고, 바닷물이 육지 방향으로 올라와 수위가 높아지는 현상은 밀물이라 한다. 이때 형성되는 구역을 조간대潮間帶, Littoral Zone라고도 부르는데 그중에 연성조간대(갯벌 바닥을 이루는 물질이 바위처럼 딱딱하지 않은 모래층으로 형성)는 서식하는 생명체들이 가득하다.

지구 자연에 존재하는 탄소는 세 가지로 분류한다. 갯벌(식물이 살지 않은 비식생)은 푸른 탄소Blue Carbon라 불리며 지구의 위험 요소인 탄소를 흡수하는 공간으로 나무의 탄소 흡수 속도보다 최대 50배가 빠르다고 한다. 녹색 탄소Green Carbon는 육상에서 나무와 숲과 초록색이 빛에너지를 통해 이산화탄소를 흡수하여 포도당과 산소를 만들어내어 산소를 배출하는데, 대표적인 공간이 아마존으로 열대우림과 산림, 숲은 지구 산소의 약 20%를 만들어낸다. 제주에서는 곶자왈이 대표적인 지역이다. 검은 탄소$^{Black\ Carbon}$는 지구 온난화의 주범인 온실가스라고도 하며, 석탄과 석유 등의 화석연료가 공장 등에서 불완전 연소로 배출되는 탄소다.

기후 위기 시대에 인간의 활동으로 배출된 탄소를 가장 잘 저장할 수 있는 곳이 푸른 탄소$^{Blue\ Carbon}$라 불리는 갯벌이다. 그런데 우리나라 갯벌은 산업화 과정에서 서울시(605㎢)의 4배에 달하는 면적이 사라졌다. 갯벌에 사는 생명체들은 인간의 난개발로 쫓겨나거나 죽임을 당했다. 방조제 공사로 인해 방조제 내부에 갇힌 생명체들도 사체로 발견됐다. 이제 우리나라에 남은 갯벌은 2,482㎢로 약 1,300만 톤의 탄소를 저장할 수 있다.

신안 갯벌은 지형·지질학적으로 다도해 갯벌이며 그 면적은 세계유산에 등재된 지역 중 가장 넓은 1,100.86㎢다.

세계적으로 여러 형태의 갯벌 유형이 있는데 한국의 갯벌은 펄^{mud}, 모래, 혼합 갯벌, 해빈 사구, 사취, 염습지 등을 보유한 갯벌이라는 점과 아직까지 학계에 보고된 바 없는 '모래-자갈 선형체'라는 특이 퇴적체가 존재하며, 최대 40m에 이르는 세계 최고 수준의 두꺼운 펄 갯벌 퇴적층이라는 점이 특징이라 할 수 있다.

생물·생태학적으로는 해조류 144종, 대형 저서동물 568종

등 세계 최고 수준의 다양한 종수를 보여준다. 세계자연보전연맹 IUCN(International Union for Conservation of Nature and Natural Resources)의 멸종 위기에 처한 동식물인 적색목록 18종을 포함하여 90종, 5만 4천 개체 이상의 물새가 서식한다는 점에서 탁월한 보편적 가치를 인정받았다.

세계 많은 나라가 세계자연유산 등재를 신청하는 이유는 자국의 자연이 국가와 민족을 초월하여 모든 인류가 공동으로 보호해야 할 가치가 있는 중요한 유산임을 입증받기 위해서다. 현재 상태로 가면 지구는 지속 불가능할 수 있기에 자연유산을 지킴으로써 지속 가능한 지구가 되도록 인류가 함께 노력할 것을 약속받는 것이기도 하다. 우리나라에서는 제주도의 화산섬 및 용암동굴이 첫 자연유산이며, 신안 갯벌은 2021년에 두 번째로 등록된 세계자연유산이 되었다.

세계 많은 나라가 1972년에 '세계문화 및 자연유산 보호 협약(세계유산협약)'에 근거하여 특정 소재지와 관계없이 인류 모두를 위해 발굴 및 보호·보존할 만한 가치(탁월한 보편적 가치, OUV: Outstanding Universal Value)가 있는 자연이나 문화를 세계자연유산으로 지정키로 하였다. 특히 자연유산은 무기적 또는 생물학적 생성물로부터 이룩된 자연의 기념물로서 관상상 또는 과학상 탁월한 보편적 가치가 있어야 한다.

    2018년 신안을 포함해 우리나라 갯벌은 세계자연유산 등록이 반려되었는데 그 이유가 첫째, 신안 갯벌은 넓은 면적과 복잡한 지형·지질적 특성이 있으나 신안을 제외한 나머지 국내 지역은 규모가 작고 세계적인 독특함이 부각되지 않았다는 점이다. 둘째, 생물·생태학적으로 과학적인 자료가 부족하고, 제방과 방조제로 육지와 해안 그리고 해양까지 하나로 연결되지 못하고 단절되었다는 것. 셋째로 신안 갯벌 외에 지역(이웃하는 지자체와 국가)의 갯벌에 핵심 지역과 완충 지역 확대를 통해 갯벌을 보호하기 위한 노력이 부족하다는 점이다.

    우리나라 문화재청과 외교부는 신안 갯벌을 제외하고 다른 지역의 갯벌에 대한 개발 욕구를 포기한다는 노력을 세계자연유산 21개 이사국에 보여줘야 했다. 신안을 비롯한 우리나라는 갯벌을 유네스코 세계자연유산으로 등재하기 위해 총 13년을 투자했다.

    정부나 어느 광역자치단체에서도 생각하지 않았던 갯벌의 세계자연유산 등재에 도전하겠다는 의지로 2007년 신안 갯벌을 세계유산 잠정목록에 등재하기 위해 연구 및 조사를 시작했다. 당시 전남대 전승수 교수에게 자문받아 20여 명의 직원이 네덜란드 와던해Waddenzee 갯벌의 세계자연유산 등재 지역을 견학하였다. 그 결과 2008년 신규 잠정목록 등재, 2011년 세계유산 우선추진대상에 선정되는 등 신안 갯벌을 단독으로 세계유산 등재를 위한 초석을 마련했다.

2013년에는 신안군을 중심으로 문화재청이 준비위원회를 구성하고, 2015년부터는 각종 정보와 분야별 연구 그리고 해외 비교 연구 등을 통해 2017년에 신청서를 완성하여 2018년에 세계유산위원회에 제출하였으나 반려되었다.

2018년 후반기에 신청서를 수정 및 보완하고 갯벌의 보호 · 관리 체계를 다시 정립한 후 2019년 신청서를 제출하여 갯벌 현장 실사 등을 거쳤다. 신안군은 2020년에는 갯벌습지센터와 세계유산센터를 설치하기 위해 부지를 매입하는 등 긴 여정을 거쳤고, 2021년 7월 제44차 세계유산위원회에 등재가 확정되었다.

세계유산 신청서는 등재Inscription, 보류Referral, 반려Deferral, 등재불가Not Inscription 4단계 등급으로 결정하며 신청서 심사, 전문가 현장심사, 전문가 그룹 1, 2차 심사를 거쳐 최종 반려 등급을 통보받는다. 반려란 등재신청서의 심화연구 또는 신청서의 수정이 필요한 것으로 이 경우 등재신청서를 취소하고 다음 연도에 위 절차를 다시 하는 방법이 있고, 아니면 신청서 지적 사항을 수정하여 21개 위원국에 진정성과 완전성을 이해시키고 설득하는 과정이 있다. 신안 갯벌은 후자의 경우로 신청서의 최종 수정문은 해당 당사국이 제출할 수 없으며 유일하게 21개 위원국만이 제출할 수 있도록 엄격히 제한하고 있다. 전염병(COVID-19)으로 각 위원국을 직접 찾아가 면담

할 수 없어 매일 밤과 새벽에 화상으로 설득하는 과정을 1개월 이상 지속하는 한편 신청서 수정문을 제출해줄 위원국을 섭외하여 최종적으로 키르기스스탄Kyrgyzstan이 수정 결정문을 제출해주었고, 17개국이 수정 신청서를 찬성해 2021년 7월 26일 세계유산위원회에서 21개 위원국의 만장일치로 등재가 결정되었다.

신안 갯벌을 세계자연유산으로 등재하기 위해 공무원 7급 때부터 세계자연유산 업무를 담당해온 신안군청 고경남 세계유산 과장은 "문화재청이나 외교부에 자연유산등록과 관련하여 경험이 풍부한 관계자가 없다 보니 현장 감각을 비롯해 세계유산위원회와의 교감도 쉽지 않았을 뿐만 아니라 위원회에서 제기하는 새 전문가도 신안군청 관계자 외에는 없어서 더 많은 어려움이 있었다. 특히 1차 반려된 후 서류를 수정하여 제출하는 과정에서 호주의 도움을 받을 수 없는 상황이 발생하여 비상이 걸렸다. 당시 우리 측 외교부 유네스코 대사의 도움으로 키르기스스탄 유네스코 대사가 수정 결의문을 제출해주었다. 당시 더불어민주당 송영길 대표와 황희 문화체육관광부 장관이 직접 뛰어 외교적으로 큰 힘이 되었다. 특히 환경단체인 생태지평은 보고서 집필진으로 결합했고, 환경운동연합의 지지 서명과 운동은 세계유산위원들을 설득하는 데 큰 역할을 했다"며 감사의 마음을 전했다.

이렇게 갯벌의 세계자연유산등재를 위해 한 직원을 13년간 전담하도록 하고 전문가로 육성한 신안군의 인사정책이 빛을 발하는 사례다.

2021년 한국 갯벌을 세계자연유산으로 등재하는 과정에는 중앙정부 세 기관의 협력이 중요했다. 즉, 대외적인 업무는 외교부가 맡고 국내는 해양수산부와 문화재청이 맡았다. 광역자치단체로는 충청남도와 전라남도, 전라북도가 참여하였고, 기초지방자치단체로는 서천군과 고창군, 순천시, 보성군과 신안군이 참여하고 군산시가 협력 지자체로 참여하여 유산지역은 128,411ha, 완충구역은 67,254ha로 총 177,340ha가 지정되었다. 이 중 신안군의 면적이 전체 등재 신청 면적의 87%로 자연유산 면적은 110,086ha다.

그동안 갯벌을 보전하기 위한 신안군의 노력은 농업용 비닐과 농약 폐기물의 고가 매입, 내수면 관리 등 다양한 방식으로 이루어졌다. 농업 활동에서 발생하는 폐합성수지(비닐), 폐농약용기, 폐농약 등의 영농폐기물은 농촌 환경오염의 주요 원인 중 하나다. 영농폐기물을 적절하게 수거하고 재활용하거나 처리하는 것은 농민들의 경제적 부담과 환경적 책임을 줄임과 동시에, 육지로부터의 오염원을 사전 차단하여 세계자연유산인 갯벌과 바다를 보호하는 중요한 역할을 한다.

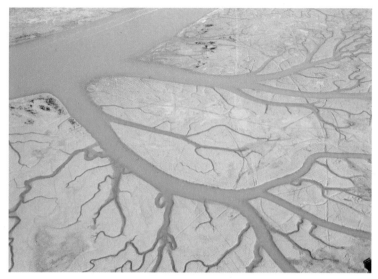

    2006년부터 2022년까지 36,194톤의 영농폐기물을 수거하고, 농민들에게 66억 원의 장려금을 지급하였으며 kg당 폐농약 합성수지Plastic병 1,000원, 농약 봉지류 3,000원을 처리 주체인 한국환경공단과 별도로 농민에게 지급했다. 또한 2007년에는 폐비닐에 대해 전국 최고인 kg당 300원의 수거장려금을 파격적으로 지급하기도 했다. 2023년에는 신규 시책으로 '농부의 품격' 영농폐기물 공동집하장 5개소를 조성했고, '폐농약류 무상처리제도'를 도입하여 탄소 중립과 환경 · 사회 · 지배구조 경영ESG을 실천하고, 지속가능한 농촌 발전을 위해 노력했다. 그 결과 한국환경공단으로부터 영농폐기물 수거활성화 우수기관(2008년, 2022년)으로 선정되었다.

또한 신안군은 2019년부터 유용미생물 보급 사업을 시작했다. 이 사업은 지역의 천연자원, 특히 갯벌을 보호하기 위한 중요한 전략의 일환이자 환경친화적인 방법으로 수질을 개선하기 위해 유용미생물 150톤을 배양하여 23개 마을에 무상으로 보급하면서 갯벌보호는 물론 탄소중립 목표를 달성하는 데 있어 매우 중요한 부분을 차지하고 있다.

2021년 한국의 갯벌을 자연유산으로 등재하면서 세계유산위원회는 총 네 가지 사항을 권고하였다.

첫째, 자연유산의 탁월한 보편적 가치를 강화하기 위해 제48차 세계유산위원회까지 유산 구역을 확대할 실체적인 계획서 제출. 둘째, 추가로 등재될 9개 구성 요소를 포함하여 연속유산(지리적으로 연접하지 않은 요소로 구성된 유산)의 구성 요소 간 통합관리 체계 구축. 셋째, 유산의 보전에 부정적 영향을 줄 수 있는 추가적 개발에 대한 관리 방안 제시. 넷째, 멸종 위기 철새 보호를 위한 동아시아-대양주 철새 이동경로 국가들과 중국의 황해-보하이만(발해만) 철새보호 구역(2019년 세계 자연유산 등재)과의 협력 강화 등이다.

둘째 사항이 제기된 이유는 지난 44차 세계유산위원회에서 세계자연유산 자문·심사기구인 세계자연보전연맹IUCN이 총회 전인 5

세계자연유산으로 지정된 신안 갯벌

중도 짱뚱어다리와 염전

월에 "한국의 갯벌이 철새들이 오가는 중요한 기착지"인데 보호 구역이 충분하지 않다는 점을 들어 불합격에 가까운 반려 결정을 내렸고, 이에 우리나라는 향후 세계자연유산 구역을 확대하겠다고 설득하여 등재가 확정되었다. 그리하여 우리나라는 지자체와 보호할 갯벌의 추가 면적을 합의하여 통합관리 체계를 구축하는 계획서를 제출해야 한다. 이에 따라 군산시, 무안군, 고흥군, 여수시, 강화군, 인천(영종도, 송도), 화성시, 아산시(아산만) 등 여러 지자체 후보군과 합의를 이끌어내야 하고, 이웃하는 중국과도 외교적으로 환경적 합의가 잘 이루어져야 하는 상황이다.

2021년 세계유산위원회가 지난 2021년 권고한 네 가지 사항은 세부적인 계획을 합의한 후 2026년 제48차 세계유산위원회에 실행 내역을 제출하기로 약속된 것이다.

그동안 서남해안의 갯벌은 국내 습지보전법, 자연공원법, 해양생태계법 등으로 보호해왔다. 1981년에는 다도해해상국립공원(바다만 464㎢)으로, 1999년부터 습지보호구역(1,101㎢)과 2012년부터는 해양보호구역(1,170㎢)으로, 2008년에 12㎢를 신안 갯벌도립공원으로 지정하여 2018년에는 162㎢까지 확대하였다.

신안 갯벌의 국제협약으로 2019년 동아시아 대양주 철새 이동경로(25㎢, 2011년에는 육지만 지정), 2004년 람사르협약에 람사르 습지

홍도에 복원된 원추리

(31.4㎢), 2016년에 생물권보전지역(3,299㎢)으로, 2021년에 유네스코 세계자연유산(1,100㎢) 등으로 인정받아 국제적인 관리를 받고 있다.

우리나라 갯벌 총면적 2,482㎢ 중 신안 갯벌은 1,101㎢로 전국의 44%를 차지해 단일 지자체 기준으로는 그 면적이 압도적으로 넓다. '(재)한국의 갯벌 세계유산 등재 추진단'에서는 2021년 세계유산위원회가 '갯벌의 추가 확대'에 대한 권고 사항을 지키기 위해 국내 여러 지방자치단체와 국외적으로는 중국과 논의를 하고 있다.

권고한 갯벌 지역 후보군에 거주하는 주민들의 어업권과 이동권을 보장하는 연도교나 편의시설 설치 등에 영향을 미치지 않을까 주민들이 우려할 것을 대비하여 주민 설명회 등을 충분히 열고 오해가 없도록 협의해나가고 있다.

세계유산위원회가 제기한 내용은 권고 사항이지만 국제적인 신뢰 관계를 위해서 대한민국 정부의 노력이 중요한 시점이다.

흑산도 서쪽에 6.47㎢의 작은 섬 홍도가 있다. 이 섬에는 홍도 원추리를 비롯해 홍도서덜취와 흑산도비비추 등 약 729종의 다양한 식물상이 서식하고 있다. 이 중에는 희귀식물과 특산식물도 있어 자생지 보호가 굉장히 중요한 지역이다.

홍도원추리의 학명은 Hemerocallis hongdoensis다. 속명은 원추리와 같으며, 종명은 홍도에서 발견된 데서 유래되었다. 원추리의 영어 명칭은 꽃의 수명이 짧고 꽃은 백합 같다고 해서 daylily다. 홍도원추리의 영어 명칭은 Hongdo daylily로 홍도의 원추리란 뜻에서 유래되었다. 홍도서덜취Hongdo saussurea도 홍도에서만 자라고 있어 유전자적으로 여러 가치가 높아 특별 관리하는 식물이다.

일반적으로 생명의 진화는 다양한 환경 조건에 적응하는 분기진화Cladogenesis를 통해 생물학적 다양성을 유지하고 확장해나가는 것이 일반적이지만, 고립된 지역은 단일종을 유지하면서 진화하는 계통진화phyletic evolution가 일어난다.

홍도나 울릉도와 같이 인간과 생명체의 교류가 활발하지 않은 섬에서는 진화의 시간에서 종이 나뉘지 않고 전체 개체군이 원래의 한 종에서 새로운 종으로 진화한다. 그리하여 종이 다양하지 않고 족보도 상대적으로 명확하여 식물학적으로 보전해야 할 가치가 높아진다.

그래서 세계의 많은 국가가 타국의 동식물이 자국 내에 반입되는 것을 철저히 통제하고 검역을 강화하며 자국의 종을 보호한다. 식물 유전자를 체계적으로 관리하는 국가에서는 해당 종을 자원화 및 상품화하여 국부를 증대시킨다.

고려 말 문익점이 원나라에서 개량종 목화씨를 몰래 가져와 우리의 의복문화를 바꿔놓은 것처럼 나라마다 식물의 여러 종자를 관리하고 판매하는 과정에서 유전자 특허권 분쟁이 일어나고, 21세기 들어 유전자를 개량하여 구근 종자를 수입한 국가에서 발아한 씨앗으로 종자를 재배하지 못하도록 관리하고 있다. 고립으로 독자성이 유지되는 섬을 관광지화할 때 종 보호를 위해 각별한 노력이 함께 이루어져야 하는 이유다.

신안의 섬들은 오랜 기간 바다 위에 외따로이 존재했었기에 환경 파괴가 덜 되었고, 섬 밖의 다양한 종들이 섞이지 않았을 뿐 아니라 변형되지 않은 독특한 환경을 유지해왔다. 그동안 지켜온 환경이 지형적, 지질학적, 생물학적, 생태학적 가치를 인정받아 21세기 인류가 지켜야 할 자연유산으로 관리되고 있다. 이제 신안은 바다와 여러 섬의 생명을 지키는 혁명을 진행 중이다.

2부

신안의 혁명

••••• 일곱 번째 이야기

햇빛과 바람이 선사한 평생연금

"공산당보다 더한 군수."

2018년 신안 군민들이 박우량 군수를 비난하며 쓴 말이다. 어쩌면 태양광 이익공유제도라는 기본소득제도 정책을 추진한 미친穫嘬(씨 뿌리고 베푸는) 군수에게 딱 맞는 욕辱인 듯하다.

봉이 김선달이 대동강 물을 주민에게 팔아 이윤을 챙겨갔다면, 박우량 신안군수는 자본(사업)가에게 신안의 햇빛을 팔아 그 돈을 주민에게 돌려준 것이다.

대자본의 이윤 추구로 전락했던 햇빛 에너지를 해당 주민들의 공유 자원으로 인정해야 한다는 담론이 존중되는 시점에서 2021년 4월 신안군 안좌면에서는 햇빛에 의해 생산된 이윤 일부가 안좌면에 거주하는 주민들에게 배당되었다. 2022년 한 해 동안 안좌면 지역 주민 개개인별로 적게는 48만 원, 많게는 204만 원이 지급된 것이다.

"태양광을 허가하기 위해 군수가 주민들에게 돈을 준다고 거짓말을 하고 있다"며 욕했던 주민들도 언제 그랬냐는 듯이 신안을 떠나 있는 자식들에게 흥분한 목소리로 전화하여 배당받은 이야기를 자랑했다.

안좌면 신재생에너지 주민·군 협동조합 박두훈 사무국장은 "공유 이익금이 처음 배당되던 날 안좌면 주민들은 돼지도 잡고, 홍어와 막걸리를 준비하는 등 동네가 잔치 분위기였다. 일부 주민들은 군수 이름을 부르며 만세 삼창하여 선거관리위원회 관계자들을 당황스럽게 하기도 하였고, 경로당 앞 행사장에서 박우량 군수가 인사말을 할 때는 감동의 박수를 뜨겁게 보내기도 했다. 당시 선거관리위원회는 배당금을 군에서 직접 전달하면 선거법 위반이라고 하여 마을별로 이장들이 가가호호 방문하며 배당금을 돌렸다. 안좌면 주민들은 조선 왕권 시대나 군부 독재 정권 시대에도 없었던 역사적인 일이 일어났다"며 자연에너지 이익공유 조례 이행에 많은 사람이 감동받고 흥분했음을 밝혔다.

지구는 태양에 의해 햇빛이 비친다. 이 자연의 에너지로 돈을 만들어낸 것이다. 혁명적인 발상의 전환이다.

신안군 관내에 들어오는 햇빛과 서울시에 들어오는 햇빛은 태양에서 분출되는 같은 햇빛이지만, 서울에 비치는 햇빛은 돈이 안

2023년 임자도 에너지 이익공유 첫 배당

되고, 신안군에 비치는 햇빛은 돈이 된다니 어찌 된 일일까? 이는 2018년에 신안군 관내에 내리쬐는 빛을 전기 에너지로 전환할 때는 주민에게 이익이 돌아가도록 하는 「신재생에너지 개발 이익공유 등에 관한 조례」(이하, 에너지 이익공유 조례)를 신안군청이 발의했고, 신안군의회에서 제정하여 시행하고 있기 때문이다.

　「에너지 이익공유 조례」는 신안군이 신재생에너지 관련 사업을 하면 일정 부분 주민 지분 참여를 의무화(주민 참여는 자유)하였고, 이에 따른 이익은 참여한 주민들과 공유하도록 만들었기 때문에 신안군에 비치는 햇빛으로 창출한 이익이 자본가만의 이익이 아닌 주민들의 공유자산으로 전환될 수 있었다.

　수소와 연료전지 등은 신에너지라 규정하고, 태양광과 풍력, 수력 등 자연 그대로의 에너지는 재생에너지라 한다.

재생에너지는 모두의 공동 자산이기에 주민들에게도 그 이익을 돌려줘야 한다는 주장은 2012년 제주도에서 논의가 시작되어 2016년에 「풍력발전 사업 허가 및 지구지정 등에 관한 조례」 제정을 통해 '풍력개발 이익 공유화 제도'가 시작되었다.

제주도 바람 에너지의 이익 공유benefit sharing화 제도 이후 2021년 「광주광역시 광산구 신·재생에너지 보급 촉진 및 개발 이익 공유화에 관한 조례」가 제정되어 시행되고 있지만, 제주도와 광산구 등은 이익공유 제도가 실질적인 효과로 연결되지 않은 상황에서 신안군의 태양광 발전에 따른 이익의 주민 배당은 엄청난 반향反響을 불러일으켰다.

《유러피언 드림The European Dream》의 저자이자 미국 행동주의 철학자 제레미 리프킨Jeremy Rifkin 교수가 "자연 혜택 풍력으로 발생한 이익을 공유한다는 관점에서 시장에만 맡기지 말고 제도와 시장 그리고 공동체가 함께 움직일 수 있는 정책이 필요하다"라는 에너지 민주주의를 주장했는데 박우량 군수는 이 같은 에너지 민주주의를 실현시킨 혁명가가 된 것이다.

박우량 군수는 "신안군의 햇빛과 바람을 대기업 사업 시행사나 자본가가 다 가져가선 안 된다. 주민들은 발전 사업자들의 사업에 반대할 권리가 있으며, 햇빛과 바람은 지역 주민들의 기본적인 재산권에 해당된다"며 자연에너지 공유화라는 사회주의(?) 같은 철학을 공약화하였다. 박 군수의 미친 철학으로 공무원들의 고생길이 고속도로보다 더 넓고 빠르게 펼쳐진 것이다.

공무원들은 당장 주민들을 이해시키기에 앞서 먼저 관련 내용을 공부한 후 주민들 대상으로 설명회부터 시작하였다. 신안군은 섬으로 이루어진 자치단체라 주민들이 수많은 섬에 흩어져 살고 있어서 한곳으로 모으는 것은 불가능한 일이다.

신안군은 1,025개의 섬 중 중심 역할을 하는 9개 섬에 14개 읍, 면을 나누어 설명회를 추진하였는데 배를 타고 온 주민이 850명이나 되었다고 한다. 아마도 1969년 신안(새로운 무안)군이 만들어진 이래 가장 많은 수가 모이지 않았을까 싶다.

설명회장에 모인 많은 주민은 그 수만큼이나 관심도 높았고 찬성과 반대의 소리도 다양했다. 설명회 과정에서 신안군은 현재처럼 군청이 인허가만 할 경우 신안의 섬들은 '태양광발전소 투기꾼들의 놀이터'가 될 것이라는 전국 일간지 기사와 함께 신안에 얼마나 많은 태양광발전소 신청이 몰리고 있는지를 설명회 자료를 통해 소상히 밝혔다. 그리고 태양광발전소로 인한 신안군 관내 갈등 사례도 자세히 소개하면서 여러 문제를 해소할 정책의 전환이 필요함을 역설하였다.

천일염을 생산하는 염전이 태양광 사업장으로 변신

　「에너지 이익공유 조례」 발의를 위한 주민 공청회에도 200여 명
의 주민과 백여 명의 사업자가 참여했고, 기자간담회는 1시간 40여
분 동안 진행하다 기자들에게 양해를 구하여 겨우 마칠 정도로 궁
금증도 많고 첨예하게 다투는 제도였기에 에너지 이익공유 제도의
의미와 사업 추진 필요성을 충분히 납득시켜야 했다.

　설명회와 공청회 과정을 통해 주민들 대부분은 이해와 동의를
하였으나 일부 발전 사업자와 어업 관계자들의 반대는 극심했다.
특히 해상 풍력 발전 추진이 예상되니 닻자망(닻을 내리고 그물을 옆으
로 쳐서 하는 어업) 어업인들은 반대가 더욱 심했다.

신재생에너지 업무를 주무관 시절부터 담당하고 있는 장희웅 신재생에너지 과장은 "30%의 주민 참여는 자본주의 체제에서 사유재산권을 강탈하도록 행정이 주도하고 있다고 발전 사업자들도 항의하면서 신안군을 고발하겠다며 협박도 했다"고 밝혔다.

「에너지 이익공유 조례」는 의회의 조례 심의 외에도 별도의 간담회를 4번이나 진행하였는데, 일부 주민들의 반대가 컸던 만큼 의원들의 반발도 만만치 않았다. 전라남도 관내 기초의원 중 신의면에서 큰 염전 사업을 하는 박용찬 의원은 "참말로 아름다운 우리 신안을 난개발시켜 가지고 양철이 사방에 들어서면 쓰겠어요"라며 에너지 이익공유 사업을 난개발로 규정하였다. 반대 주민들은 신안군의 해안 경관을 훼손하는 난개발과 전자파, 태양광 집광판 반사 빛으로 인한 농작물 피해와 주민 생활 불편 등을 반대 이유로 들었다.

신안군에서는 수천 건의 발전 허가 신청이 접수되면서 현재처럼 태양광 사업이 진행될 경우 오히려 심각한 난개발이 예상되기에 행정의 방향이 난개발을 방지할 수 있는 대안이라고 주장했다. 신안군청은 변전소 주변 주민들의 불신을 해소하기 위해 주민들이 원하는 공적 기관과 주식회사에도 전자파 측정을 의뢰하거나 주민들이 직접 측정기를 들고 다니면서 측정이 가능하도록 보장했다. 그리고 혹시나 하는 불안감마저 해소하기 위해 송배전 선로 공사로 인한 도로점유 허가 시 지중화 구간에 전자파 차단 시설을 추가로 설치

2022년 주민 참여 이익공유제 간담회

할 것을 약속하는 등 주민들의 안전과 불안감을 해소시키고자 노력했다.

신안군에서는 태양광 에너지와 풍력 에너지 설치와 관련하여 현재도 반대하는 주민과 마을들이 있다. 군청에서 제시하는 정책이 기후 위기 시대를 반영하는 의미 있는 정책이라도 주민의 뜻에 반하는 정책을 좋은 정책이라고 밀어붙일 수만은 없다. 정책의 정당성을 확보하기 위해서는 반대하는 주민과의 끊임 없는 소통을 통해 협의를 지속적으로 추진해야 한다. 이는 공화제도共和制度를 채택한 헌법 정신이자 지방자치의 정신이기 때문이다.

태양광 발전 사업을 반대해온 안좌면 창마리 정용배 목사는 "그리스도 정신은 생명을 지키는 일로 환경운동가의 길이라 반대 대책위를 구성하여 대응하였으나, 주민들 간의 갈등을 해소해야 했고 우리 동네를 넘어 기후 위기를 극복하고 자연에너지로 발생하는 이익을 공유하는 제도를 보고 반대 운동을 멈췄다"고 밝힌 것처럼 주민과의 대화가 지속되어야 함을 지적하고 있다.

2023년 4월 현재 하늘 위 태양이 제공한 햇빛 수익을 배당받기 위해 신안군 관내 9개 섬에 「신 재생에너지 주민·군 협동조합」이 설립되어 5개 조합이 운영 중이며 신안 군민의 45%인 10,524명이 직접적인 혜택을 받고 있다. 현재 가동 중인 태양광발전소 용량은 약 700MW다.

협동조합에 참여한 주민들에게 배당된 금액은 연간 1인당 최소 40만 원에서 최대 240만 원까지 배당되었다. 2021년 4월부터 2023년 7월까지 지급된 총 금액은 84억 원이다.

인구도 증가했다. 햇빛 배당이 직접적인 이유라고 말할 수 있을지 모르지만, 감소 추세에 있던 신안군 인구의 감소 속도가 미미하게나마 조금씩 줄어들다가 2023년 7월까지 유출 인구와 사망 등 자연 감소 인구보다 유입 인구가 266명이 증가했다는 점은 그 의미가 다르다. 신안군은 전국에서 인구 소멸 핵심 지방자치단체 중 하나로 갑자기 인구가 증가하는 이유 중 하나가 햇빛연금이라고 하는 것에 이의를 제기하는 사람은 없는 듯하다.

신안군은 태양광 발전 사업 외에도 바다를 대상으로 하는 자연에너지 사업도 추진하고 있다. 국가 구성의 3요소는 국민과 주권과 영토를 말한다. 이때 영토는 육지인 땅만을 이야기하는 것이 아니라 영해領海와 영공領空도 해당된다. 신안군의 영토는 농업을 기반으로 하는 땅도 있지만, 육지 땅(655㎢)보다 더 넓은 어업을 기반한 바다 땅(12,654㎢, 서울시의 22배)과 하늘 땅(13,309㎢)도 있다. 육상에 태양광 발전을 했다면 해상에는 풍력 발전을 설치하여 바다 위 바람을 에너지로 전환하는 사업도 추진하고 있다. 그러다 보니 바다를 생업으로 하는 어업인들의 반대도 만만치 않았다. 어업인들도 반대 대책위를 구성하여 집회를 통해 반대의 뜻을 밝히는 등 집단행동을 강하게 펼쳤다.

현실적으로 연안 어업인들의 피해가 예상되는 것이 맞다. 하지만 현행 공유수면법상 어업인들로 구성된 반대 대책위와 반대하는 어업인들에게 법적으로 피해를 보상해줄 근거가 존재하지 않는다. 그럼에도 신안군 바다에서 어업 행위를 하는 이들 역시도 신안군의 주인이기에 존중받고 보호받을 권리가 있다. 어업인들의 피해 해소를 위한 대책을 마련해야 한다는 박 군수의 강력한 지시로 모든 신안군 공무원이 적극적으로 대화에 나섰고, 반대 대책위와의 회의마다 군수가 참여하여 바다 풍력을 반대하는 어업인들과 대화하며 정성으로 협의를 진행하였다.

어선매입, 손실 보상, 허가권에 대한 보상 등 「해상 풍력발전단지 수용성 확보를 위한 연구」 용역을 통해 해상풍력 수익금을 담보로 피해 어업인들에게 항구적인 보상 체계를 제시하였다. 그리고 신규 일자리는 어업인 후계자에게 우선권을 제공하고 에너지 이익 공유 배당 시 어선어업 종사자에게 가중치를 추가하는 등 정책 보상과 함께 소득 및 편익 사업 등을 통해 간접보상을 제공했다. 이 같은 여러 지원 방안으로 어업인들과 3년 동안 토론과 연구 끝에 최종 합의를 이끌어 내면서 국내에서 가장 규모 있는 해상풍력발전 사업의 역사가 마련된 것이다.

이해 당사자 중에는 주민들도 있지만, 신안 바다에 사는 또 다른 생명체들도 있다. 신안군은 이들의 생명권을 존중하기 위해 신안의 바닷가 중 갯벌을 유엔교육과학문화기구UNESCO 자연유산과 생물권 보전지역, 물새 서식지로서 국제적으로 중요한 습지에 관한 협약Convention on Wetlands에 의한 람사르 습지Ramsar Wetlands, 습지보전법에 따른 습지보호지역, 자연공원법에 따른 갯벌도립공원 등으로 지정하여 보호해왔다.

신안군이 구상하는 에너지 발전 사업을 위해서는 육상이든 해상이든 발전사가 생산한 전기를 이송할 선로가 필요하다. 바다 위는 경관에 미치는 영향이 크고 태풍 등 자연재해가 일어날 위험이 있다. 따라서 안전성을 확보하려면 땅속이나 바닷속에 넣어야 하는데

천일염전이 태양광 사업장으로 변화

이 경우 신안군 바다에 사는 생명체에 대한 대책이 필요하다. 신안의 갯벌이 「습지보전법」과 「해양생태계 보전 및 관리에 관한 법률」의 범주에 포함되어 지정될 당시 기후 위기 시대 전력 문제를 해결하기 위해 국가 경제에 영향을 미치는 사업일 경우 해저 선로를 설치하기로 한 오래된 약속을 상기시키며 중앙 부처를 설득하고 있다.

신안군과 전라남도가 추진하는 국가 역점 사업 중 하나인 푸른 경제Blue Economy의 해상풍력(8.2GW) 사업을 위해서는 국회의 법률 개정과 조례의 제·개정도 이루어져야 한다.

특히 신안군이 실현하고자 하는 「에너지 이익공유 제도」의 안전

2부_ 신안의 혁명

성을 확보하기 위해서는 「도시계획 조례」와 「송전 변설비 인근 지역 토지보상 및 취득 등에 관한 조례」, 「변전소 주변 지역 지원에 관한 조례」 등 관련 조례의 제정과 개정이 필수적이고, 이 과정에서 대의 기관인 의회를 설득해야 하는 과정이 생태에너지 민주주의의 새 역사를 쓸 것이다.

신안군의 「에너지 이익공유 조례」로 에너지 종합관리계획 수립, 주민 참여 지분 기준과 가중치, 발전 사업에 공유재산 임대, 주민조합 운영비 지원과 지역 화폐 발행, 공영주차장 설치 등 조례를 12번이나 개정하면서 자연에너지 공유화를 통한 주민의 권리 증진을 추진해왔다.

기후 위기 시대를 맞이한 신안군의 자연에너지를 통한 전력 생산(태양광 1.8GW, 해상풍력 8.2GW 예정)은 2030년부터 신안 군민 모두에게 연 50만 원 바람연금(기본소득)을 지급하는 계획이라는 자연에너지의 공유화 혁명을 추진하면서 국내 지방자치단체만이 아니라 세계의 많은 나라의 이목을 받으며 자연에너지 선진 자치단체로 전환을 시도하고 있다.

세계 각국 정상들은 2015년 국제연합UN 총회에서 인류가 앞으로 지속가능하기 위해서는 2030년까지 '17가지의 지속가능한 발전 목표SDGs(UN Sustainable Development Goals)'를 이행하기로 합의했다.

신안군에 설치된 태양광 발전소

자연에너지인 태양광 발전은 7번째와 13번째 목표인 '깨끗한 에너지 확보'와 '긴급한 기후 조치'를 위한 핵심 수단이기에 중요한 정책이지만, 비금도의 대동염전은 등록문화재(제362호)로 지정되어 있어 태양광을 설치하기 위해서는 등록문화재에서 해제해야 하는 충돌이 발생한다. 세계자연유산인 갯벌 위 선로 설치는 17가지 목표 중 14번째와 15번째인 '해양 및 육상 생태계 보호'와 충돌한다. 그리고 17번째 목표인 '파트너십partnership과 협력'을 강조하고 있지만, 태양광 설치에 반대하는 주민들이 있는 데다 법원의 재판 절차가 진행 중인 상황 등은 지속가능성을 위해 풀어야 할 숙제이기도 하다.

　　　　　　　　　　　　　　　　　　　　　　2부_ 신안의 혁명

에너지 이익공유 제도로 신안은 떠나는 섬에서 돌아오는 섬으로, 전력이 부족한 섬에서 전력을 공급하는 섬으로 재탄생하는 길을 걸어가고 있다. 신안은 자연에너지 사회로의 전환과 주민 참여로 햇빛 발전의 이익을 주민에게로 전환하는 자연에너지 공유화 혁명을 추진하고 있다.

위기와 극복의 역사, 감사원과의 전쟁

감사원(원장 최재형, 2018.01~2021.06)은 2018년 10월부터 신안군의 '주요 정책, 사업 등 추진 상황을 특별 점검'한다며 감사를 시작했다.

감사원은 신재생에너지 관련 조례의 적법성 여부를 판단하기 위함이라며 「신안군 도시계획 조례」(이하 도시계획 조례) 심의절차와 법률의 사전 검토 여부, 신재생에너지 관련 인사 현황, 전라남도의 자치법규 검토 결과, 신안군의 변호사 채용과 전기사업 인허가 관련 서류, 그리고 '도시계획계' 직원이 사용하는 컴퓨터의 저장장치(hard disk)도 임의 제출 형식으로 요구하였고, 도시계획 업무를 담당하는 직원들의 업무 수첩과 도시계획계 직원들의 초과근무 내역도 제출을 요구하였다.

그 결과 신안군 담당 감사관은 신안군과 신안군의회가 추진한 「도시계획 조례」 개정과 자연에너지 이익 일부를 주민들에게 돌려

주는 「신재생에너지 개발이익공유 등에 관한 조례」(이하 에너지 이익공유 조례) 제정이 법률 위반 가능성이 있다며 2018년 7월에 25일 동안 전기사업을 허가하지 않은 이유도 문제가 있다고 판단했다. 감사원의 표적(?)이 된 「에너지 이익공유 조례」는 민선 7기(2018~2022) 박우량 군수의 제1호 정책이다.

감사가 이루어질 당시 신재생에너지 업무를 맡았던 박영철 지역경제과장(2023년 말 정년 퇴임 예정)은 "신안군의회 의사과장으로 있다가 신안군청 지역경제 과장으로 인사 발령을 받고 군청에 갔을 때 박 군수는 '이권이 큰 부서라 업체들의 유혹이 클 것이다. 그러니 각별히 주의하고, 공직자의 자세로 책임감 있게 임해달라'며 당부하였다"고 한다. 박 과장은 "그때 감사관이 지목한 조사 대상인 신안군청 공무원은 지역경제과의 주무관, 팀장, 과장, 국장, 부군수를 비롯해 군수까지 도시계획 조례 업무를 담당하는 주무 담당자와 도시계획 조례의 언론 보도를 담당한 홍보 부서 등 직간접 관계자 모두를 조사한 것으로 최종 목표가 군수인 것 같은 느낌을 받았다"며 당시 분위기를 설명했다.

이 같은 분위기 속에서 감사원은 신안군이 전남도청이 신안군 도시계획 조례의 법리적 사항을 사전 검토할 여유도 없이 공포를 서둘렀다며 그 이유와 도시계획 조례의 개정이 순수하게 의원 발의인지, 집행부 의견을 반영한 발의인지도 조사하였다. 또 도시계획 조례 개정(안)에 대한 적법 여부와 사전 법률 검토 지시자, 도시계획 조례 개정(안)이 지방자치법 제22조(현행 제28조) 단서 조항의 의견을 군수에게 보고한 사실이 있는지, 도시계획 조례 개정(안)과 관련하여 군수 보고 시 참석자, 그리고 태양광 발전 사업 반대 민원 시 군수의 면담 내용도 포함되었다.

감사원의 첫 감사 시기는 2018년 10월 29일~11월 23일까지 총 26일이었으나 감사가 끝나자마자 감사 기간을 12월 3일부터 28일까지 첫 감사 기간만큼 연장하였다. 연장 기간에도 신안군의 「도시계획 조례」 개정과 「에너지 이익공유 조례」 제정에 대해 집중적으로 감사하였는데 주요 감사 내용은 조례 개정 초안 작성 전달 경위와 조례의 상위 법령 위반이 아니라는 근거와 판단의 주체, 조례 제정 이전에 전기사업 면허 허가 중지 사유와 군수의 직접 지시 여부, 개발이익공유 의향서 보완 요청 규정 등이었다. 이 과정에서 신안군 도시계획 조례 개정을 발의한 신안군의회 최미숙 의원도 감사장인 신안군청으로 불러 조사하였다.

최미숙 의원은 "2018년 연말 감사원의 감사 대상 기관에 신안군의회는 포함되지 않았으며, 신안군청 감사 과정에서 참고인으로 출석해달라는 감사원의 문서가 신안군의회에 접수되지도 않았다. 신안군청 감사계에서 전화가 와서 감사원에서 출석을 요구했다며 협조해달라는 전화가 전부였다. 그리고 두 번이나 호출당해 다녀왔다"며 "주민의 이익을 위해 조례 개정 발의한 것에 대한 감사원의 감사가 참 씁쓸했다"고 밝혔다.

감사원은 관계 공무원들을 대상으로 한 대면 감사가 끝나자마자 2019년 새해 아침 시무식 날 박우량 군수를 1월 10일에 감사원 광주사무소로 출석하라는 문서를 발송했고, 박 군수는 감사원의 출석 요구에 대해 '신안군수에게 출석 답변을 요구하는 것은 부당하다고 사료되어 철회를 요청'하는 문서를 감사원에 1월 8일 자로 발송하였다.

박 군수가 감사원(지방행정감사2국 광주사무소장)에 보낸 문서에는 첫째, 도시계획 개정 조례는 신안군의회에서 규정대로 발의하였으며 둘째, 의회의 개정 조례는 특별히 위법 사항이 없다고 판단하여 재의 요구하지 않았고 셋째, 지방의회의 의결이 법령에 위반되거나 공익을 현저히 해친다고 판단되면 광역자치단체장이 기초 지방자치단체장에게 재의를 요구하며, 기초자치단체장은 20일 이내에 지방의회에 이유를 붙여 재의를 요구하는데 광역자치단체장의 재의 요구가 없었으며 넷째, 의회에서 의결한 도시계획 조례의 시행으로 불허 처분을 받은 자가 있으면 행정심판과 행정소송을 제기할수 있고, 소송은 헌법에 따라 대법원이 최종적으로 판단할 것이기에 신안군수의 감사원 출석이 적절치 않다는 내용이었다.

그리고 대한민국 정부가 국무회의 의결을 거쳐 대한민국의 헌법을 개정하자며 국회에 제출(2018.03.26)한 헌법 개정(안)에는 조례 제정의 범위를 현행 '법령의 범위 안에서'라는 법률을 '법률에 위반되지 않는 범위 내에서'로 제정할 수 있도록 자치입법권을 확대하고자 추진 중으로 정부가 국회에 이송한 헌법 개정(안)이 개정된 것이 아니라 법적 구속력은 없지만 국무회의 의결을 거쳐 국회에 이송된 상황인 데다 현 대통령의 공약이라 향후 나아가야 할 방향이라는 점도 명시하였다.

박 군수의 감사원 출석이 적절치 않다는 문서를 받은 감사원(1월 10일)은 박 군수에게 2차 출석(1월 17일) 요구서를 보냈다. "위법·부당성 여부도 적법한 절차에 따라 조사"하고 있기에 "사실관계를 명백히 하기 위해 반드시 필요한 절차며, 귀하로 하여금 충분한 기회를 보장함으로써 귀하의 진술이 부족한 상태에서 사건이 처리됨에 따라 귀하가 받을 수 있는 불이익 등을 미연에 방지하고자" 함이니 "출석 답변 요구에 성실히 응해주"길 다시 요구하였다. 그리고 "정당한 사유 없이 불출석할 경우 「감사원법」 제51조의 규정에 따라 고발조치 될 수 있음"도 친절히(?) 명시하였다.

박 군수가 감사원의 2차 출석에도 불출석 입장을 제출하자 감사원은 1월 17일 자로 3차 출석 답변을 요구하는 문서를 박 군수에게 보냈다. 신안군수는 감사원의 3차 출석에 대해서도 1월 23일 자 공문을 보내며 감사원이 행정관청인 신안군수의 행정처분에 대해 문

신안군의 에너지 이익 조례 전 과정을 정리한 백서 ⓒ 박진우

제가 있다는 내용이 구체적이지 않다며 네 가지 사항을 지적하였다.

첫째, 조례 개정 내용과 절차에 대하여 위법 또는 문제가 있음을 제시하지 않고 있고 둘째, 대법원 판례를 감안한 조례 제정 범위의 확대 방침에 대한 의견을 제시하지 않고 있다. 셋째, 지역 주민들의 태양광 설비에 대한 반대 운동 등을 묵과하고 오직 태양광 사업자의 입장에서 추진하는 귀원의 감사는 심히 편파적인 감사다. 넷째, 신안군의 태양광 조례 개정 움직임에 대해 언론보도가 되자 "귀원 직원들의 사적인 반대 의견 개진이 있었던 점 등을 감안할 때 귀원에서 조례 개정에 대한 신안군수의 출석 답변 요구는 오해의 소지를 유발할 우려가 있다"라는 상상할 수도, 상상해서도 안 되는 충격적인 내용이 포함되었다.

감사원은 헌법에 명시된 헌법기관으로 대통령 직속의 합의제 감사기관이지만 직무와 기능 면에서 독립적으로 활동하며 대통령도 지휘·감독할 수 없다. 그러나 감사원은 청와대, 국가정보원 등 행정부의 권력 기관에 대한 징계뿐만 아니라 계좌추적권과 출석요구권, 자료제출요구권 등 수사 권한까지 가지고 있는 막강한 권력 기관이다.

그간 감사원은 단군 이래 최대 사업이라는 국방부의 율곡 사업과 국가안전기획부의 평화의 댐 사업 등을 감사하며 권력자들을 감방으로 보낸 무시무시한 기관이다. 역대 감사원장도 대법관, 판사, 변호사, 법학자 등 고위급 전문가들이 임명될 정도로 감사원의 위상은 높고, 감사원장 출신이 대통령 후보로도 출마하는 권력 조직이다.

신안군에서는 감사원과 신안군수가 싸우고 있다는 소문이 돌았다. 아니 최재형 감사원장과 문재인 대통령이 탈원전 정책으로 싸우는데 신안군이 표적이 되었다는 소문이 돌아다닌 것이다.

신안군수의 서면 답변으로 감사원과의 신경전이 마무리되는 듯했으나 감사원(2019.02.22)이 다시 신안군(부군수)에게 '4일 내로 답변서를 제출하라'는 문서와 함께 '질문서 원안은 답변서와 함께 감사원으로 반송'하라는 지침까지 받았고, 이에 답변 마감 기한을 넘겨 답변서를 감사원에 제출(2019.03.05)하였다.

감사원과 신안군의 신경전 끝에 감사는 마무리되었다. 이후 감사원에서 특별한 조치가 없다가 2019년 12월에 감사원이 '감사 결과 처분 요구와 통보 사항'이라는 문서를 행정안전부와 전라남도 그리고 신안군에 발송하였다.

감사원은 신안군수에게 "①「신안군 도시계획 조례」제20조의2 제1항과 「신안군 신재생에너지 개발이익공유 등에 관한 조례」를 합리적으로 개정하거나 폐지하는 방안을 마련하기 바라며(통보), ②법률의 위임 없이 주민의 권리를 제한하거나 주민에게 의무를 부과하는 사항을 조례로 제정하는 등 위법하게 조례를 개정하고 개발행위 허가 업무 처리를 중지하여 발전 사업자에게 피해를 주는 일이 없도록 관련 업무를 철저히 하기 바람(주의)"이라는 처분 요구를 하였다.

박우량 군수와 관계 공무원들은 당황하였다. 감사원이 지적한 사항들은 대한민국 정부가 국회로 보낸 헌법 개정(안)의 내용도 있고, 광역자치단체장인 전남도지사의 재의 요구도 없었으며, 주민들에게 의무 부과를 하는 조례도 아니기에 억울하다는 입장이었다. 그리고 그동안 아무도 가지 않았던 길을 개척한 공무원들의 노고를 격려하는 상을 주지는 못할망정 열심히 일한 대가로 받은 행정처분은 엄청난 상처를 줄 뿐만 아니라 지방자치 행정을 위축시키기 때문이다.

신안군청과 신안군의회가 한 일은 과거 신안군에 들어오는 햇빛으로 얻은 이익이 모두 사업자들에게 돌아가는 것을 막아 이윤 일부를 주민들에게 돌려주는 조례이기에 감사원의 조치를 받아들일 수 없었다. 신안군은 감사원에 재심의(2020.1.02)를 청구하기로 하였다. 그리고 감사원의 감사 결과 처분에 대해 취소해달라는 법률적인 행정소송(2020.3.13)도 병행하였다.

첫째, 지역의 햇빛, 바람 등 재생에너지 자산은 지역 주민이 천부적으로 향유해야 할 권리이며, 주민 참여로 발생한 추가 이익만을 주민에게 환원하는 것임. 둘째, 신안군의 에너지 이익공유 조례는 다른 지방자치단체에서도 배우려고 신안군을 방문하고 있음. 셋째, 주민의 권리 제한과 의무 부과에 관한 사항은 법률의 위임이 있어야 하나 본 건은 사업자에 대한 의무 부과로 볼 것인지, 자연인인 주민에 대한 의무 부과로 볼 것인지에 대해서는 검토 대상이라는 의견을 제시하였다.

그러자 감사원은 신안군의 재심의 청구를 「감사원법」 제38조 제2항의 규정에 따라 감사원장과 4명의 감사위원 명의로 기각(2020.07.07)하였고, 서울행정법원은 신안군의 소송을 각하(2020.12.10)하였다.

법원의 판결 핵심 내용은 '감사원의 처분 요구는 행정처분이 될 수 없다. 그 이유는 감사원의 처분 요구는 처분 요구 그 자체로 끝나는 행위이며, 신안군은 감사원의 통보를 따를 의무가 없고, 따르지 않더라도 강제할 수도 없다. 그리고 감사원의 처분 요구로 인해 신안군이 피해를 보는 것도 없으므로 법리상 재심의 청구 대상이 될 수 없다는 것'이다.

감사원을 상대로 정보 공개를 청구한 결과에 의하면 2000년 이후 지방자치단체의 장이 원고가 되고 감사원장이 피고가 되어 진행한 행정 소송 결과는 6건으로 모두 법원에서 '각하'나 '기각'되었다. 타 지방자치단체의 행정소송 내용도 신안군처럼 감사원의 징계나 주의 요구를 취소해달라는 재판이거나 재심의 결정에 이의를 제기하는 내용으로 감사원의 감사 결과가 적절하지 않다는 소송이다.

법원은 신안군에 대한 감사원의 결과에 대해 행정처분으로써의 효과도 없고, 신안군은 감사원의 결정을 이행하지 않아도 아무 문제가 없다고 판결하였다. 그럼에도 감사원은 아무 효력이 없는 내용을 감사 결과라며 행정안전부와 전라남도, 그리고 신안군에 공문을 보낸 것이다. 도대체 왜 보냈을까?

문재인 대통령은 기후 위기를 극복하기 위해서는 탈원전을 넘어 신재생에너지를 중심으로 전환해야 한다는 철학을 가지고 있었고, 2019년 신안군의 "휴암마을(자라도 자라 2구) 태양광 사업처럼, 재

제26차 국제연합 기후변화협약 당사국총회에서 기조 연설하는 문재인대통령 ⓒ 국민방송KTV

생에너지로 주민의 소득을 높이는 주민주도형 협동조합을 확산"시
켜나가야 한다고 여러 번 이야기했는데 "재생에너지 이익공유제가
확산되면 정부의 신재생에너지 정책 추진이 더욱 수월해지고 탈원
전 정책도 탄력을 받을 수 있다. 이것을 방해하기 위해 최재형의 감
사원이 이익공유제에 제동을 걸고 나섰던 것이 아닌가 추론"된다는
이야기도 돌았다.

신안군의 「에너지 이익공유 조례」에 대해 전국의 많은 지방자치

단체와 에너지 운동, 기본소득을 연구하는 기관과 단체들이 배우며 각 지역에서 어떻게 적용할 것인지를 연구하고 있다.

섬을 오가는 편리한 선박 대중교통

우리나라는 대중교통을 공공정책으로 추진하고 있다. 참여정부 시기인 2005년 「대중교통의 육성 및 이용 촉진에 관한 법률」이 제정되어 국가와 지방의 광역자치단체장이 계획을 수립하여 국민의 교통편의와 교통 체계 효율성을 증진하기 위한 제도를 마련하였고, 2006년부터 표준교통카드 준비 작업을 추진하였다. 2008년 광주광역시의 시범사업을 통해 검증한 후 2014년부터 교통카드가 전국에 호환되며 시민의 편의성을 도모하였으나 대상이 버스와 철도 중심으로 이루어져 섬과 섬을 이동하는 국민은 대중교통 혜택에서 제외되었다.

지방자치단체 전체가 섬으로 이루어진 신안군은 열악한 재정자립도와 연간 52억 원이라는 적자에도 불구하고 육상의 버스 공영제처럼 바다에서도 선박 공영제를 도입하여 섬과 섬의 대중교통 정책을 추진한 최초의 지방자치단체다.

신안군은 본섬 속의 작은 섬에 거주하는 사람들도 헌법에 보장된, 저렴하고 안전한 대중교통을 이용할 권리가 있음을 존중하여 바다의 교통수단인 배를 이용한 대중교통 공영제公營制를 도입하였다.

　우리나라 지방자치단체 중에 섬만으로 이루어진 지방자치단체는 제주도와 거제시, 신안군, 진도군, 강화군, 남해군 등이다. 이 섬으로 이루어진 자치단체 중에 신안군청은 섬사람들이 병원과 보건 등 여러 정책에 대해 선택적 행정 공급이 아닌 보편적인 행정 공급을 제공할 수 있도록 작은 섬에서 큰 섬으로 이동하는 비용에 대해 완전 공영제를 도입하여 행정선을 통해 무료로 운영하고 있다. 그리고 큰 섬과 큰 섬의 경우도 여객선旅客船 공영제를 도입하면서 주민들이 헌법에 보장된 자유로운 이동을 할 수 있도록 저렴한 대중교통 정책을 추진하여 과거의 낙도落島에서 새로운 낙도樂島로의 변신을 추구하고 있다.

　2013년에 도입된 작은 섬 도선 공영제 혜택을 받는 우리나라 최서남단에 있는 흑산도의 부속 섬 대둔도에서 태어나 70여 년째 거주하는 김보현 씨는 "과거 도선이 없어서 흑산도 본도에서 하루를 묵고 대둔도로 들어와야 했다. 2006년도에 주민들과 행정이 돈을 모아 도선을 건조하여 운영했으나 이제는 군에서 직접 배를 운영하고 선장과 기관장의 인건비, 배 기름값 등 모두 직접 운영하고 있어 주민들에게 큰 도움이 되고 있다"며 변화된 도선島船 완전 공영제로 인한 체감을 설명하였다.

바다는 영해領海이자 육지를 포함한 영토로, 바다 위에 있는 섬도 중요한 땅이다. 러시아와 일본, 중국과 일본 등 섬을 놓고 오랜 시간 분쟁하듯, 일본이 우리 독도를 자기 나라 땅이라고 억지 주장을 펴는 것을 모두가 안다. 그만큼 우리는 섬이 얼마나 중요한지 인지하고 있으나 독도와 제주도 등 몇몇 섬을 제외하고는 별 관심이 없다. 특히 작은 섬에 대해서는 더욱 무관심하다.

인간이 삶을 유지하기 위해 식량을 확보할 때, 농민이 땅에서 농사를 짓는다면 어민은 바다에서 농사를 지어 인류에게 식량을 공급한다. 그럼에도 불구하고 바다 위 섬에 많은 사람이 살고 있음을 기억하지 않는다.

국가도 마찬가지다. 국가가 육지 영토를 관리하는 것처럼 해상 영토도 소중히 관리하고는 있다고 하나 섬에 살지 않은 사람들은 정책 결정 과정에서 섬과 섬사람에 대해 상대적으로 관심이 크지 않다. 특히 정치인들은 유권자의 표를 먹고 사는 사람들이다 보니 유권자가 많은 곳에 예산을 먼저 투입하고자 하고, 관료들은 비용편익분석Cost-Benefit Analysis이라는 잣대를 가지고 예산을 집행하는 경향이 강해 육지보다 사람이 상대적으로 많이 살지 않은 섬에는 편익이 낮다는 이유로 예산 투입에 난색을 표한다.

동해안의 울릉도나 남해안의 거문도, 그리고 신안군의 흑산도와 가거도의 경우 여객선 결항이 1년 365일 중 100일에 육박할 정도이며, 낙도 보조 항로의 경우도 70일간 결항이 발생하고 있을 정도로 섬에 거주하는 사람들에게 자유롭게 이동할 수 있는 권리라는 것은 남의 나라 이야기 같다.

수도권이나 광역 도시에서는 대중교통이 10분만 늦어도 민원이 발생하고, 집중호우나 폭설로 도로나 철도가 몇 시간만 막혀도 방송 등 언론에서 난리가 난다. 그에 반해 섬을 오가는 바다 교통이 막히는 것은 언론에 노출되는 일이 거의 발생하지 않는다. 그나마 태풍이 한반도에 직접 상륙할 경우 제주도와 서남해안의 피해나 예방 상황이 언론에 잠깐 노출되는 정도가 우리 섬의 현실이다. 그러다 보니 섬사람들이 섬을 오가는 데에 들어가는 대중교통 이용료에 대해서도 관심이 없다.

육상을 오가는 대중교통은 km당 버스와 전철 125원, 고속철도는 164원, 비행기는 209원 정도로 환산된다. 바다를 운행하는 대중교통 선박은 306원으로 최소 2배 이상 비싸다. 가거도와 목포의 경우 km당 380원이며, 목포~홍도는 km당 415원으로 비용이 더 많이 든다. 그러니 대중교통의 가격 편차로 인한 비용은 섬 주민들이 부담해야 하며 저렴하고 편리한 대중교통 정책은 남의 나라 이야기다.

결국 섬에 거주하는 사람들은 이동권의 어려움과 이동 과정에서의 위험 등을 이유로 섬을 떠나고 있고, 1980년에 987개의 유인도에서 522개나 무인도화가 되었음은 이동권에 대한 불편함도 한 요인으로 작용하고 있다.

2020년 기준 465개의 유인도에 약 84만 명이 거주하고 있다. 제주도 인구가 68만 명이니 유인도에 거주하는 인구가 결코 적은 인구가 아님에도 대중교통 혜택을 받지 못하고 있고, 여객선이 미기항 하는 섬은 240여 개에 달한다.

섬에 국민이 살지 않게 되면 다른 국가 사람들이 이주하게 되고, 그러면 영토 소유권과 관련하여 국제적인 분쟁이 발생할 수 있다. 그래서 많은 국가가 섬에서 자국민들이 살 수 있도록 지원하고 있으나 우리는 이동권부터 제약을 받는 상황이라 무인도화가 진행되는 것을 막기에는 한계가 있다.

신안군은 이러한 문제점들을 해소하기 위해 2016년에 전국 최초로 여객선 공영제를 도입하였으나 재정적인 어려움과 안전성 문제로 잠시 중단하였다가 2018년 박우량 군수가 취임하자 2019 년부터 다시 여객선 공영제를 운영하고 있다. 신안군 섬에 주소를 둔 주민은 500원의 운임비를 받고 있으나 지방재정이 열악한 군 단위의 지방자치단체에서는 적자 예산을 감당하기가 어려운 현실이다.

그리하여 만들어진 법률이 「섬 개발 촉진법」(구, 도서개발 촉진법)이고, 2020년에는 법률이 개정되어 '섬 지역의 교통 · 통신 편익증진을 위해 필요한 운송 및 교통수단과 통신 시설 개선·확충에 관한 사항'에 대해 시·도지사가 사업계획을 작성하여 중앙정부에 제출하도록 되어 있다(제6조 3항).

이보다 앞서 더불어민주당은 지난 2017년 대통령선거와 2018년 지방선거 시 여객선 공영제를 공약화한 바 있다. 더불어민주당 출신의 김영록 전남도시자는 당선된 후 '1,000원 여객선 공영제도'를 도입하여 운영(2021.07)하고 있다.

문재인 정부인 2020년에는 「대중교통의 육성 및 이용촉진에 관한 법률」(이하 대중교통법) 개정을 통해 여객선을 대중교통으로 편입시켰지만, 제대로 시행되지 않는 등 한 발자국도 나아가지 못하고 있다.

대중교통법 제4조(국민의 권리와 의무)는 '모든 국민은 대중교통 서비스를 제공받는 경우 부당한 차별을 받지 아니하고, 편리하고 안전하게 대중교통을 이용할 권리를 가진다'라고 되어 있으며 '국토교통부장관은 국민이 대중교통수단 등을 이용하는 경우 교통카드가 전국 어디서나 호환互換될 수 있도록 교통카드 전국 호환 기본 계획을 수립하여야 한다(제10조2, 2013년, 2015년)'고 강제하고 있으나 아직도 시행되지 않고 있다.

그나마 노무현 대통령 시기인 2006년부터 낙도에 거주하는 섬 주민들에 대해 여객선의 운임비 일부(국비 50%, 도비 20%)를 보조해주

고 있다. 윤석열 정부도 110대 국정과제 41번에 「연안 여객선 공영
제 실시」(2025년)를 추진하겠다고 발표했으나 실현 가능성은 지켜봐
야 할 일이다.

전라남도는 2022년 3월 광역자치단체로는 2021년에 여객선
1,000원 요금제를 시범 실시 후 2022년부터 전라남도 전역으로 확
대하였고, 인천광역시(당시 시장 박남춘)는 섬 주민들에게 간선 요금
버스 요금(성인 1,250원, 청소년 870원, 어린이 500원)을 적용하기 시작하
였다.

여객선 공영제가 도입되기 전, 신안군 증도면에서 자은면으로
이동하려면 육로로 75㎞를 이동해야 했으나 여객선 공영제가 시행
된 이후는 뱃길로 15분 거리인 4.5㎞만 이동하면 왕래할 수 있다.
신안의 섬 주민은 뱃삯 1,000원만 내는 전국 최초의 여객선 공영제
가 실시된 것이다.

신안군 하의면과 도초면은 이웃하는 섬이다. 그러나 두 섬을 이
동하려면 최소 7시간이 걸렸다. 여객선사들이 경제적인 이유로 목포
항을 반드시 경유하기 때문이다. 그러나 신안군이 여객선 공영제로
도입한 11㎞짜리 신규 항로로 40분 만에 왕래할 수 있도록 하였다.

기존 선사의 파업 위기로 섬 주민들의 이동권에 심각한 지장이
있는 지도읍 송도와 병풍도를 운항하는 여객선도 군에서 인수하여

공영제 항로로 운영하고 있다. 또한 여객선 공영제 도입을 통해 해상교통이 열악한 압해읍 북부권 4개 낙도 주민들에게도 육지를 오갈 수 있는 편리한 이동으로 1일 생활권 확보를 가능하게 하여 공영제 기능을 발휘하고 있다.

2019년부터 여객선 공영제 혜택을 받는 압해도의 부속 섬인 고이도에서 50여 년 살아온 전직 선주 박모두 씨는 "개인이 각각 배를 운영하면 운임이 매우 비쌌다. 이제 섬 주민 65세 이상 어르신은 400원, 그 외 주민은 500원이면 섬을 오갈 수 있다. 선주 경력이 있어 운영비를 짐작할 수 있는데 신안군청이 매우 많은 적자에도 불구하고 여객선 공영제를 운영해주니 주민들 해상교통에 큰 도움이 되고 있다. 현행 하루 4회의 운영을 조금 늘렸으면 하는 바람이 있으나 이 또한 적자를 확대하는 일이라 요구하지 못하고 있다"고 설명하였다.

신안군의 여객선 공영제는 우리나라 해상 대중교통의 첫 문을 열었지만, 중앙정부의 여객선 공영제는 아직도 검토 중이다.

요즘 젊은 세대들에게는 옛날이야기일 수 있지만, 우리나라도 육상에 통행금지가 있었던 것처럼 바다에도 통행금지가 있었다. 해방 후 미 군정과 함께 시작한 야간 통행금지는 섬의 경우 1966년에 전부 폐지되었고, 나머지 지역도 1982년 1월부로 폐지되어 역사 속으로 사라졌으나 신안군은 2007년 3월에야 폐지되었다.

해양수산부에는 「내항 해운의 면허 등 관리 요령(해양수산부고시 2006-3호)」에 여객선 운항 시간(제16조의 1항) 규정을 두어 일몰 30분 후부터 일출 30분 전까지는 여객선 운항을 제한하게 되어 있었고, 해수부는 이 제도를 통해 바다에 통행금지를 시행하여 해가 지고 30분이 지나면 섬에 사는 사람들은 귀가할 수 없게 하였다.

파도가 높거나 태풍이 불 때 또는 안개와 같은 자연재해로 선박 운행을 제한하여 집에 못 가는 것은 어쩔 수 없다 해도 해가 진다고 운행을 제한하여 집에 돌아가지 못하게 하는 정책은 헌법에 보장된 이동의 자유를 침해하는 것이다.

박우량 군수는 2006년 당선되자마자 해양수산부를 방문하여

야간 운영 첫 출항을 위해 준비하고 있는 선박

여객선 야간 운항을 제한하는 규정의 개정을 요구하였다. 그리고 2006년 12월 청와대 회의와 2007년 1월 노무현 대통령의 무안 방문 시 건의를 하였고, 끝내 2007년 3월에 해양수산부는 여객선 운항 제한 시간을 폐지하면서 해방 후 62년 만에 한반도 육지 서쪽 끝 항구인 목포에서 신안군의 여러 섬으로 야간에도 이동할 수 있는 자유가 확보되었다.

한편 신안군은 2007년 1월에 「신안군 야간 운항 여객선 등에 대한 지원 조례」를 제정하여 야간에 운항하는 여객선들에 대한 지원을 추진하였다. 2019년 천사대교(압해읍~암태면) 개통으로 관광객들이 몰리자 비금도와 도초도, 그리고 암태도 구간에는 24시까지 여객선을 운영하기 시작했다.

신안군은 열악한 지방재정에도 불구하고 바다 위에 사는 섬사람들의 이동권을 육지 사람들에 준하는 수준으로 올리는 정책을 펴기 위해 여객선 4척, 도선 7척, 행정선 18척 등을 운영하고 있으나 해양수산부에서는 특별한 지원이 없는 상황이다.

섬사람들이 편리하고 안전한 이동권을 확보하기 위해서는 여객선 확대와 재정지원 외에도 선박이 안전하게 접안할 수 있도록 작은 섬의 열악한 소규모 항포구 선착장 길이와 폭을 확대하고 시설을 현대화하는 작업도 서둘러 확대되어야 한다. 대한민국 법률에 대중교통 카드의 전국 호환 정책을 반드시 추진하도록 의무화되어 있기에 국내 섬을 운행하는 여객선에도 적용되어 이용객들의 운임 지원도 이루어져야 한다.

이외에도 선박의 노후화와 선장의 고령화 등에 대한 대책도 마련하여 섬에 거주하는 사람들이 안전하고 쾌적한, 그리고 편리한 대중교통 이용이 가능하도록 하는 여객선 대중교통화 정책이 시급하다.

신안군은 신안 군민의 경우 500원, 신안 군민이 아닌 경우도 2~3천 원을 내도록 하는 우리나라 최초의 여객선 공영제를 추진한 기초 지방자치단체다.

신안군은 현재의 여객선 공영제를 더 효율적으로 운영하기 위해 법인격을 가진 교통재단을 준비하고 있다. 바다 위에 다니는 교통정책을 넘어 섬사람들이 저렴하고 안전한, 그리고 언제든지 다닐 수 있는 바다의 대중교통이라는 혁명 정책을 추진하고 있다.

약탈과 억압을 견뎌낸 350년의 투쟁

"조국을 위해 헌신한 유공자들을 찾아내기 위해 부족한 자료와 신뢰할 수 있는 근거 자료를 발굴하여 유공자 신청을 장려하고, 유가족들에게 자부심을 부여한 후 그 정신을 계승할 수 있도록 하는 일. 이는 당연히 정부가 해야 하는 일 아닌가요?"

"정부가 하지 않으니 유족들이 어렵게 어렵게 기록들을 찾아서 정리해 제출하면 서류 미비와 증거 부족이라는 이유로 퇴짜를 주는데, 이게 이 나라 보훈을 담당하는 부처가 하는 일입니까?"

할머니와 할아버지가 조선의 독립을 위해 치열하게 싸우다 고초를 당했는데 후손 된 도리로 부모님이 죽기 전에 독립유공자로 인정받아야겠다며 오랜 기간 보훈기관과 신경전을 벌여온 정부 미인정 독립유공자 후손들의 항변이다.

친일반민족행위자들은 친일의 대가로 많은 부를 획득하고, 그 부로 경제적으로 넉넉한 삶을 살아왔으며 지금도 살아가고 있다.

그러나 항일투쟁을 주도한 독립투사 후손들은 굶어 죽거나 생존을 위해 하루하루 어렵게 살다 보니 공부도 제대로 하지 못했다. 친일반민족행위자들을 제대로 청산하지 못한 대가로 친일반민족행위자와 그 후손들이 권력을 장악하게 되면서 독립된 나라에서 독립투사 후손들은 상대적으로 더 힘든 삶을 살 수밖에 없었다. 그러다 보니 순국선열의 과거 기록을 찾아 나선다는 것은 굉장히 어려운 일이 되었다. 결국 뜻 있는 지역 시민사회단체들이 독립유공자들을 찾아 과거 기록을 후손들에게 전달하는 상황까지 이르게 되었다.

일본은 그들이 생산한 기록물 존재를 알리지 않고 있다. 그나마 남아 있던 기록들도 한국전쟁 와중에 미국을 중심으로 한 연합국의 무차별 폭격과 북한군 퇴각 시 대량 소각으로 소실되었다. 심지어 소중한 문화재인 조선 역대 왕들의 초상화인 어진御眞도 소실되었고, 다른 역사적 기록들도 연기와 함께 사라진 것이다.

신안군은 이러한 어려움을 인식하고 항일농민투쟁 역사를 밝히는 조직을 구성하는 데 행정적 지원과 예산을 투입하여 기록 발굴과 함께 서훈 신청을 추진하고 있다. 박우량 신안 군수는 "신안군에 속한 섬들은 역사적으로 중요한 공간이다. 임진왜란을 충무공 이순신 장군과 함께 승리로 이끌었고, 조선말 동학농민운동의 정신이 잠들어 있으며, 일제강점기 치열한 소작쟁의 운동이 전개됐다. 저항에는 고통과 시련이 따랐다. 유족들이 현실에서 조상의 기록을

2부_ 신안의 혁명

찾는 것은 현실적으로 불가능한 일이다. 그래서 신안군은 직접 기록물을 찾아내고 정리하여 유족에게 선조의 업적을 전했다. 그리고 유족의 선택에 따라 독립유공자 서훈 업무를 적극 지원하여 유가족을 위로하고 있다"고 밝혔다.

신안군은 우리나라에서 섬이 가장 많은 지역이다. 1894년과 1895년 척양척왜斥洋斥倭와 보국안민輔國安民의 깃발을 들었던 동학농민군들이 정읍의 황토현, 공주 우금치(터)와 장성의 황룡, 장흥의 석대 들녘 전투에서 패전하면서 섬으로 피신했는데 신안을 비롯한 서남해안의 섬들이 핵심 지역이다.

역사를 거슬러 올라가 1592년, 조선을 침략했던 일본은 7년 전쟁(임진왜란~정유재란)에서 호남 패배로 물러났던 전력이 있기에 재침략을 벼르고 있었다. 하지만 신안군을 비롯해 호남 사람들에게는 약무호남 시무국가야若無湖南 是無國家也(호남이 존재하는 한 나라는 무너지지 않는다)라는 정신이 있었다. 일본은 호남을 두고 조선을 식민지화하기 어렵다고 보고 1909년 '남한 폭도 대토벌 작전'을 실시하여 호남의 정신을 무너뜨리고자 했다.

호남 대토벌을 마무리한 일본은 신안을 비롯해 서남해안의 여러 섬에 등대와 군사시설을 설치했다. 그러자 섬에 흩어져 있던 의병과 동학농민군이 일본 등대를 공격하며 파괴하는 등 지속적인 항일

투쟁을 벌였다. 서남해안의 섬들은 구국 투쟁의 최일선에서 싸워온 투쟁 정신이 깃든 지역인 것이다.

일례로 일본 제국주의는 조선 식민지 지배를 목적으로 보국안민을 위해 죽창을 들었던 동학군을 학살하기 위해 진도까지 들어가 전투를 벌였고, 죽은 동학군이 잠들어 있는 무덤을 파헤쳐 시신을 훼손해가며 동학농민군의 유골을 채집하는 만행을 저질렀고, 일본으로 가져간 유골을 인종적 차이 연구를 시도하는 비인도적 행위를 서슴없이 자행했다. 당시 일본 제국주의가 호남의 정신을 없애기 위해 신안을 비롯해 서남해안 섬에 들어가 토벌^{Genocide}(특정 지역과 특정 사상의 사람들을 집단으로 죽이는 초토화 작전)을 감행할 정도였으니 섬에 깃들어 있는 정신을 예상할 수 있다.

특히 전라남도 신안군은 '1004의 섬'으로 불리면서 우리나라 섬의 33%를 차지해 동학농민군과 의병들의 피신처로서 역할을 돈독히 해냈다.

조선과 대한제국이 무너지고 일본 제국주의가 본색을 드러내자 독립을 향한 열망을 표출하기 시작하였는데 1919년 기미년 3.1만세 투쟁을 기점으로 국내는 물론 국외로도 퍼져나갔다. 역사학자들은 조선의 독립투쟁에 대해 최진동과 홍범도, 김원봉, 박용만, 김좌진 등이 추진한 무장투쟁론과 이승만 중심의 외교활동론, 그리고 도산 안창호의 실력양성론 등으로 나누어 설명하고 있다. 그러나

나라의 근간인 농민투쟁인 '소작쟁의'를 정식 독립운동의 한 장으로 다루지 않는다.

이는 그간 한반도 내 농민들의 소작쟁의가 일본 제국주의와의 투쟁이 아닌 지주들과의 생존권 투쟁으로 해석했기 때문이다. 하지만 농민들의 소작쟁의는 일본 제국주의가 일본의 식량 부족 문제를 해결하기 위해 한반도 내 쌀 생산량을 증대하기 위한 산미증식계획 産米增殖計劃의 일환으로 추진한 토지조사사업을 통하여 농민들의 땅과 국공유지 약탈 등 한반도 농민의 80%를 소작농小作農으로 전락轉落시킨 농업 수탈 정책으로 해석해야 한다.

20세기 초까지 소작인小作人들은 지주地主들에게 생산량의 30%(3할) 정도를 소작료로 지불하였으나 일본 제국주의의 산미증식계획 이후 수리조합비와 비료대 등 쌀 생산에 소요되는 여러 비용까지 포함하여 생산량의 80%(8할)라는 엄청난 사용료 부과로 수탈당하였고, 농민들은 이에 대한 항쟁抗爭으로써 소작쟁의를 일으켰다는 점이다.

1922년 7월 조선노동공제회에서는 '소작인은 단결하라'는 선언문을 발표하여 한반도 내 소작인들의 권익을 위해 소작인 단체의 결성을 독려 및 지원하기 시작하였다. 그 결과 1921년 3개였던 농민단체가 1923년에는 107개로 늘어났다. 소작인 단체는 1920년 4월 황해도 봉산에서 결성된 봉산소작인회鳳山小作人會를 시작으로

1921년에는 경상북도 영천, 칠곡, 청도, 달성, 함경남도 함흥, 1922년 하반기부터 1923년 초에는 전남지방에서 집중적으로 결성되는데, 전라남도에서는 순천, 광양 등에서 먼저 결성되었고, 이어서 신안에서도 10여 개 농민단체가 결성된다.

1923년부터는 소작쟁의가 전국적으로 확대되면서 평안남도가 12건, 충청북도 10건, 경상남도 103건, 전라남도 24건 등 176건이 발생하는데 이 중 전라남도에서는 순천과 광양, 신안군(당시 신안 지역은 행정구역이 무안군 소속)에서도 본격적인 활동이 이루어진다.

1920년대 신안군 지역의 농민단체는 암태청년회(1923.01), 암태소작인회(1923.12), 자은청년회 및 소작인회(1923.01), 하의소작인회(1924), 지도소작인공조회(1924.01), 매화도노농공조회(1924.02), 매화도소작인친목회(1924.03), 임자노농회(1924.09), 도초소작인회(1924.10), 무안과 목포 지역을 하나로 한 무목청년연맹(1925.01), 지도 을축동맹(총 36개, 1925.02), 하의청년회(1925.04), 안좌소작인회(1925.09) 등이 조식되고, 1926년부터는 소작인회는 농민조합으로 확대된다. 1930년대는 비밀 농민조합으로 개편되는 등 항일농민투쟁은 민족주의와 사회주의 사상이 결합되며 식민 통치 권력과 전면적으로 맞서는 항일 독립투쟁 단체로의 활동을 전개하였다.

당시 소작인들의 쟁의爭議는 소작료 납부를 거부하는 소작료 불납동맹不納同盟, 농사를 거부하는 불경동맹不耕同盟, 굶어 죽기를 각

오하고 싸우는 아사동맹餓死同盟, 가을철 수확을 거부하는 추수 거부 투쟁, 시위 및 농성, 다른 사회단체들과의 연대 등 다양한 방법을 동원해 지주와 지주를 옹호하는 일본 제국주의와 맞서 싸웠다. 1920년대 신안군의 농민투쟁으로 일본 경찰에 의해 고문당하고 수감된 순국선열과 애국지사는 123명으로 파악되었다.

신안군의 독립투사들을 섬별로 살펴보면 암태면 암태도에서는 서태석, 서창석을 비롯해 19명, 자은면 소속 자은도에서는 박복영, 표성천 등 64명, 압해읍의 매화도에는 서병대, 박관섭, 서병천 등 26명, 도초면 도초도에서는 김용택, 김상희 등 21명, 하의면 하의도는 최용환, 김찬배, 최옥종, 최용도 등 12명, 지도면 조도에서는 나만성, 조영희 등 6명이 징역형 등을 선고받아 형무소에 갇히는 영어囹圄의 몸이 되었다.

신안군 지역의 소작쟁의를 일본 제국주의가 얼마나 두려워했는지를 보여주는 사례가 있다.

한반도 출신으로 조선을 팔아먹은 친일반민족행위자 중에 박춘금朴春琴은 밀양 출신으로 일본에서 중의원으로 재선될 정도로 악질적인 친일부역자로 기록되어 있는데, 박춘금의 활동 중에는 일본인 자본가들의 이윤 극대화를 위해 일본과 조선인 노동자들을 폭력적으로 탄압하는 조직인 노동상애회勞動相愛會(1920년 일본)를 설립하여 운영하였다. 1924년 일본 제국주의는 신안 지역의 항일농민투쟁을 진압하기 위해 일본에 있는 박춘금을 서울로 불러들여 노동상애회 서울지부를 설치하고 박춘금을 목포로 보내어 농민들을 폭력적으로 탄압할 정도였다.

1928년 2월에는 박춘금을 다시 신안으로 보내 하의농민조합대표(최용환, 고장명)들을 잡아 목포 삼길야三吉野 여관에 가두고 권총과 단도 등으로 협박하였다. 그리고 목포경찰서 고등계 주임 장전長田 경부과 경찰, 폭력배들을 대동하여 하의도로 들어가 하의도 농민들과 충돌하였으나 쫓겨났다. 이후 박춘금과 일본 경찰에 의해 하의 농민조합 간부들이 체포되었지만, 이 일만 보아도 당시 신안군 농민들의 소작쟁의 투쟁이 얼마나 치열했는지, 일본이 위기의식이 얼마나 컸는지를 추론할 수 있다.

이후 일본 제국주의는 소작농민의 격렬한 쟁의를 원천적으로 봉쇄하기 위해 1932년에 「조선소작조정령」, 1934년에는 「조선농지령」을 공포하여 법적으로 규제하려고 하였다. 그러나 소작 농민들은 더 격렬하게 쟁의를 전개하였다. 이러한 소작쟁의는 1939년 12월 「소작료통제령」이 제정되어 엄청난 탄압을 받으며 수면 아래로 가라앉았으나 항일과 독립 열망은 일반 독립투쟁과 결합되어 이어나갔다.

신안군은 국내에서 많은 농민 항일투쟁 유공자를 배출한 지역 중 하나고, 우리나라 소작쟁의의 대표라 할 수 있는 암태도 소작쟁

2022년 진행된 항일농민운동 독립유공자 유족 간담회

의는 교과서에도 수록되어 있다.

신안군은 암태도 소작쟁의 100주년을 계기로 암태도 항일농민 투쟁의 역사적 가치와 정신을 계승하기 위해 여러 사업을 진행하고 있다.

2019년 암태도소작인항쟁 추념식을 시작으로 「신안군 농민운동 기념사업 지원에 대한 조례」 제정과 함께 ㈜신안군농민운동기념사업회를 창립하여 기념사업을 추진할 수 있는 조직을 만들었다.

신안 지역 농민항쟁에 대한 역사를 정립하기 위해 〈일제강점기 신안 농민운동 연구(2019년)〉와 〈신안군 지역별 농민운동 연구(2020

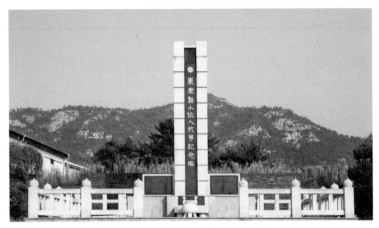

암태도에 건립된 소작쟁의 기념탑

년)〉에 대하여 조사하였고, 이 연구 성과를 토대로 국회에서 국내 전문가들과 토론회를 개최(2023년)했다.

신안군의 농민항쟁 연구 결과를 토대로 애국지사들에 대한 독립투쟁 유공자 공적 조서를 작성하여 유가족을 찾아 매년 서훈을 신청할 수 있도록 지원했다. 그 결과 2020년까지 24명이던 독립투쟁 유공자가 2021년부터 2023년까지 총 37명이 추가로 신청되어 신안군의 독립유공자는 총 61명이 되었다.

신안군의 노력으로 할아버지 표생규(당시 53세) 의사의 공적을 인정받아 국가로부터 서훈을 받은 손자 표명석(85세) 옹은 "국가가 하지 않거나 힘들어하는 자료 발굴을 개인이 하기에는 여러 가지 여

암태도 소작쟁의 기념 전시관 외부 전경

암태도 소작쟁의 기념 전시관 실내

건으로 굉장히 어려운 일이다. 그런데 박우량 군수의 노력으로 지
난 2021년에 할아버지께서 국가로부터 인정을 받을 수 있었다. 애

써 주심에 깊은 감사의 마음을 전한다. 아이들도 자부심을 품고 생활하게 되었다. 최근에는 자은도에 농민항쟁 기념탑을 건립하기 위해 준비 중"이라며 기뻐했다.

소작쟁의 항일 정신 계승 사업인 기념탑 건립 사업은 2021년도부터 소작쟁의 투쟁을 벌인 섬별로 주민들과 협의하며 건립을 진행 중이다.

2022년도에는 1천 쪽에 가까운 《신안군 항일농민운동사》를 정리해 발간하였고, 고 송기숙 작가가 쓴 소작투쟁 소설 《암태도》를 재출간하여 항일 정신에 대한 계승사업을 진행하였다. 그리고 2023 서용선 작가를 초청하여 암태도 소작쟁의를 시각예술작품으로 표현한 '암태소작항쟁 기념 전시관'을 열었다.

2020년부터는 청소년들의 항일 정신 계승을 위해 관내 청소년들을 대상으로 하는 글짓기 대회를 추진하여 미래 세대에게 섬의 항일 정신을 공유하고 있고, 청소년들과 관광객들이 보기 편하게 〈섬사람들의 외침〉이라는 소책자를 발간하여 소통하고 있다.

신안의 섬들은 20세기 우리나라를 구하기 위해 목숨을 던져 싸운 순국선열의 정신을 망각의 역사가 아닌 기억의 역사로 전환하여 항일독립투쟁 정신을 기리는 혁명 계승 사업을 진행하고 있다.

신안의 특별한 공무원 임용법

2022년도 신안군 지방공무원 임용시험 응시 공고에 행정직 공무원 채용 계획은 단 한 명도 없었다.

황당한 일이다. 대한민국 지방자치단체에서는 신규 공무원 채용 시 대부분 행정직 공무원을 중심으로 선발한다. 그래서 공무원 신규 채용 공고에 토목, 건축, 보건, 환경, 시설, 녹지, 수산 등 기술직은 어쩌다 한번 보일 정도다. 지방자치단체의 정기 인사 시마다 기술직렬이 승진 명단에 자주 등장하지 않다 보니 '기술직 홀대론'이라는 문장이 머리기사로 등장할 정도인데 신안군은 정반대 현상이 발생하고 있다.

현 박우량 군수가 재직 중인 2006년부터 2023년 현재(2014~2018은 불출마)까지 기술직렬만 채용하였고 행정 직렬에 대해서는 단 한 명도 채용 공고를 내지 않았다. 그러므로 행정직렬로 채용된 공무원은 단 한 사람도 없다. 채용된 기술직렬도 대부분 경력직이다.

지방공무원법 제27조(신규 임용)와 지방공무원임용령 제17조(경력 경쟁 임용시험 등을 통한 임용 조건)에 의하여 기술직렬 시험은 5과목으로 국어, 영어, 한국사 공통 과목 외에 전공 2과목인데 반해 경력직의 경우 공통 과목 대신 자격증과 전공 세 과목에 대해 시험을 본다. 그만큼 전문성을 요하는 것이 경력직 기술직렬이다. 인사 업무를 담당하는 박수정 행정팀장은 자신의 전임자도 기술직렬이었다며 "기술직렬은 행정 업무도, 전문 분야도 가능하나 행정직렬은 현장 기술적인 사항에 약한 면이 있다. 군의 인력 운영 관점에서는 기술직렬이 전체 군 행정 업무에 훨씬 도움이 되고 효율적이라는 현 군수님의 철학"이라며 기술직렬 중심으로 공무원을 채용하고 있다고 설명이다.

박 군수는 기술직렬은 자격증과 전공지식을 바탕으로 관련 분야 감독을 수행하면서도 행정업무처리도 하는 1석 2조의 인력 운영이 가능하다는 평가다. 특히 연륙교(육지와 섬을 연결)와 연도교(섬과 섬을 연결) 건설과 섬의 관광 활성화를 위한 정주 여건 개선 등 원활한 지역개발 사업을 위해 토목, 건축, 조경, 녹지, 환경 등 전문적인 경험을 바탕으로 기술업무와 행정업무를 동시에 추진하는 것이 효과가 있는 것으로 진단했다.

그리하여 신안군 전체 공무원 811명 중 행정직이 145명으로 17.8%에 불과하다. 토목과 건축 등 시설직렬이 170명, 해양수산직렬이 77명, 사회복지 직렬이 49명, 녹지직렬이 40명, 농업직렬이 35명, 간호 및 보건진료, 환경 직렬 순으로 구성되어 있다. 그리고 단수 직렬을 4개 복수 직렬로 전환하여 시설, 농업, 녹지, 복지 직렬도 행정직 업무를 맡을 수 있도록 인사정책을 수정했다.

일반적으로 지방직 공무원 공개 채용은 광역자치단체가 기초지방자치단체의 수요를 파악하여 진행한다. 지방공무원의 신규 임용은 필기시험과 면접시험의 보안과 공정성 등 진행 과정이 복잡하여 기초지방자치단체에서 공무원 채용 시험을 추진하기에는 부담이 있으므로 광역자치단체에 의뢰한다.

광역자치단체는 전년도 9월 즈음 각 기초 지자체의 수요를 파악한 후 당해연도 1월에 충원 계획을 확정, 2월에 공무원 시험을 공고하고 채용 과정을 거쳐 11월 즈음에 기초 지자체에 합격자를 배치하는 것이 일반적인 채용 흐름으로 평균 1년 정도가 소요된다. 그러다 보니 기초지방자치단체에서는 정년이나 명예퇴직 등의 결원을 제외하면 예측 불가능한 사유로 퇴직할 경우 퇴직부터 최소 1년 이상 주민을 위한 행정서비스 공백이 발생한다. 특히 농어촌 기초자치단체는 젊은 공무원들이 도시 취업이나 광역자치단체의 시험 합격, 출산 등 여러 사정으로 퇴직한다.

신안군은 섬으로 이루어진 자치단체다 보니 행정 서비스를 하는 행정기관도 대부분 섬에 있다. 섬에 배치된 젊은 공무원들은 일주일에 한 번 정도 관사를 벗어나 집으로 이동하거나 또는 젊은이들의 문화를 충족하기 위해 주말에 섬 밖(목포나 광주 등)으로 이동한다. 그런데 바다 한복판에 있는 섬이다 보니 바람이 세게 불거나 파도가 높으면 배가 출항하지 못하기에 섬에 갇혀 주말을 보내야 하는 불편이 생긴다. 그래서 다른 지방자치단체보다 상대적으로 퇴직하는 공무원 수가 많이 발생한다.

2018년도부터 2023년까지 타 기관에 취업하여 사직한 신안군 공무원이 55명이며 같은 기간 동안 전출한 공무원도 53명이나 된다. 전출과 사직으로 인한 공무원 결원 탓에 군민에 대한 행정 서비스는 신속하게 이뤄지지 못하고 결원에 따른 초과 업무도 동료 공무원이 나누다 보니 광역자치단체에 의뢰하는 채용 과정을 기다리고만 있을 수 없다는 것이 기초 지자체의 입장이다. 결국 광역자치단체에서 수요를 조사하여 추진하는 공개 경쟁 채용보다는 결원 발생 시마다 수시 채용 시험 공고부터 채용까지 2달이면 마무리되는 기초 지방자치단체의 수시 채용을 선호하는데 이것이 첫 번째 특징이다. 신안군청은 2018년부터 자체 임용시험을 통해 채용한 공무원이 252명이다.

두 번째 특징은 임기제 공무원이 많다는 점이다. 임기제 공무원은 채용 시 직무수행계획서를 작성해야 하고, 전문지식과 일반 공무원보다 많은 경력 사항을 요구하게 되는 전문직렬로 30여 명이나 된다. 특히 신안군이 기후 위기 극복과 함께 관광산업을 육성하기 위해 추진하는 '섬마다 꽃 정원, 섬마다 숲 조성' 사업으로 섬에 나무 심기와 꽃으로 색깔 입히는 사업에 녹지(조경)직렬의 임기제 공무원은 아주 중요한 역할을 수행하고 있다. 신안군은 녹지직렬의 공무원만 60명을 채울 목표로 공무원 정원 계획을 세우고 있다.

녹지직렬은 수목조사부터 토목, 설계, 식재, 관수, 보호목 설치 등을 민간업체에 맡기지 않고 담당 공무원들이 직접 전국을 돌아다니며 식재할 지역 경관에 어울리는 나무들을 고른다. 물론 수목 식재의 경우는 전문업체가 수행하지만 녹지직렬 공무원들이 직접 삽을 들고 다니며 함께한다. 부서명도 정원산림과로 이름 붙이고 부서원 모두가 신안의 섬 전체를 공원을 넘어 정원으로 만들고 있다.

세 번째 특징은 자격증을 소지한 경력직 임용이다. 이는 신안군만 해당하는 것은 아니지만 전라남도 군단위 지자체 중에는 신안군이 처음으로 2018년부터 시작하였다. 2019년부터는 완도군 연 3회, 영광군 연 2회씩 경력직 임용시험을 실시한 적도 있었고, 고흥군과 해남군도 4회나 경력직 임용시험을 실시하였다. 기초 지방자치단체가 채용하는 경력 경쟁 임용시험 대상은 자격증 소지자이며 8급 이하 지방공무원으로 기초지방자치단체의 인사위원회에서 실시할 수 있도록 되어 있다.

신안군은 74개 유인도에 주민이 흩어져 살고 있어 신안군의 모든 행정 역시 섬에서 이루어진다. 신안군청도 섬에 있다.

육지에 있는 지방자치단체와는 다르게 섬마다 공공시설인 건물과 부두, 방조제 등의 시설 관리, 섬에 사는 사람들의 왕래를 위한 선박 관리, 섬마다 있어야 하는 보건 및 복지 관리, 섬마다 조성된 공원 관리 등 육지의 지방자치단체와는 인력 배치의 성격이 다를 수밖에 없다. 파도가 높거나 태풍이 불거나 바람이 불면 배가 움직일 수 없다. 그러니 섬마다 기술직렬 공무원들이 배치되지 않으면 안 된다.

무인도를 제외한 신안의 유인도 73개의 해안선 길이는 총 1,272km다. 우리나라에서 가장 큰 섬인 제주도 본섬의 해안선 길이는 253km이며 부속 섬인 유인도와 무인도를 포함해도 415km로 신안군과 비교가 되지 않는다. 신안군 해안선은 우리나라의 전체 해안선의 14%로 가장 길다.

신안군 해안선에는 많은 방조제^{防潮堤}가 있다. 국가가 관리하는 13개 방조제 21km와 전라남도가 관리하는 88개 방조제 72km, 신안군이 관리하는 방조제 446개소 185km까지 총 547개 방조제에 278km를 관리해야 한다.

우리나라를 포함해 세계에서 가장 긴 단일방조제는 20년 동안

장산도의 섬과 섬을 연결하는 방조제

공사하여 완공한 새만금새萬金 방조제로 금강하구인 군산과 고군산군도와 변산반도를 연결하는 총 34㎞인데 신안군이 관리하는 방조제는 새만금 방조제의 8배가 되는 길이다. 우리나라 225개의 다른 기초지방자치단체에서는 상상할 수 없는 방조제다.

청동기를 거쳐 6국 시대, 해상왕 장보고의 남북국 시대, 그리고 조선 시대 공도空島정책이 있었음에도 많은 사람이 섬으로 가서 태풍과 파도로부터 보호받기 위해 또는 농사지을 농토를 확보하기 위해 방조제를 쌓았다.

신안의 방조제는 조선 영조 3년(1727년)에 팔금면 원산리 서근마을에 방조제를 축조해 비오지방조제(팔금면 원산리)를 만들기 시작하여 1760년에 소신방조제(안좌면 자라리), 1788년 군개방조제(압해읍 매화리), 1801년 수대방조제(비금면 수대리), 1803년 고막방조제(비금면 고서리), 1808년 당산(암태면 당산리), 1809년 북진방조제(팔금면 원산리)를 보유하고 있으며 2010년에는 서촌방조제(지도읍 읍내리)까지 문화재 수준으로 방조제 축조 역사가 있어 이에 대한 사료 관리가 필요한 지역이기도 하다.

일제강점기에는 전쟁 물자로 사용할 식량을 생산하기 위해 213개의 방조제를 축조하였다. 우리나라 방조제 1,673개 중 1/3이 신안군에 있다. 수문도 전국 2,342개 중 45%가 신안군에 설치되었다. 길이도 다양하다. 가장 짧은 방조제는 암태도에 있는 논치방조제로 40m이며 가장 긴 것은 도초방락제로 5,100m에 이른다. 신안군은 전 세계 기초지방자치단체 중에서 총 길이가 가장 긴 방조제를 보유한 지자체임을 지난 2021년 세계기록위원회^{WRC}(World Record Committee)에 등록하면서 인증받았다. 이러한 방조제를 관리하기 위해 결국 기술직렬이 절대적으로 필요하다.

섬의 특성상 식수원 공급도 중요하다. 연간 1,500만 명이 방문하고 70여만 명이 거주하는 제주도의 경우는 과거 용천수(해안가에

방조제 한국기록원 공식 인증서 수여식

서 용출되는 담수)에 의존하다가 지하수로 전환하였고, 지금은 광역 상
수도로 공급하고 있으나 신안처럼 섬이 많은 경우는 엄청난 공사비
탓에 광역 상수도는 언감생심馬敢生心 꿈도 꾸지 못했다.

　박우량 군수는 3선이 되자 2019년부터 13개(흑산권 제외) 본섬에
먹는 물 부족의 항구적 해결을 위해 광역 상수도, 비상급수 체계,
마을 상수도 정비 사업을 추진하고 있다. 암태면의 경우 중부권 관
광 성장 및 인구 유입 등을 고려하여 26년까지 콘크리트 둑dam 시
설 사업을 추가하여 섬 주민들에게 먹는 물을 공급하고 있고, 관광

　　　　　　　　　　　　　　　　　　　　　　　　2부_ 신안의 혁명

객들을 위해 상수도 시설을 확대 중이며, 2030년까지 1,948억 원을 투입할 예정이다.

그럼에도 59개의 유인도 저수지는 없어서도 관리를 소홀해서도 안 되는 시설이다. 이에 총 214개의 저수지 관리는 토목직렬이 필수인 영역이기에 전체 공무원의 13%인 104명이 토목직렬이다.

물 사용량이 증가하는 만큼 하수 처리 시설도 만들어야 한다. 화학적 처리 외에도 생물학적 처리 기법을 도입하여 추진 중인데 이 또한 환경직렬이 필요하다.

가족과 함께 추석 명절을 지내기 위해 목포나 무안까지 갔는데도 파도가 높거나 바람이 불면 배가 출항하지 못하기도 했다. 많은 사람이 코앞에 있는 고향을 가지 못하고 부모님도 뵙지 못한 채 돌아서야 했고, 이러지도 저러지도 못하고 자식을 기다리다 포기해야 했던 섬사람들은 늘 자동차를 타거나 두 다리로 걸어서 육지로 나가는 것이 소원이었다. 하지만 이런 웃지 못할 일은 이제 옛이야기가 되고 있다.

섬으로 이루어진 신안에 바다를 가로지르는 다리가 만들어지기 시작했다. 현재까지 개통된 다리는 13개(28㎞)로 공사 중인 곳(27㎞)까지 포함하면 총 16개에 총연장 길이가 54.7㎞이며 예산 2조 5천억 원이 투입되고 있다. 우리나라 연륙교連陸橋와 연도교連島橋 등 대

안좌면과 팔금면을 연결하는 신안1교

교는 60여 개인데 이중 신안군에 압도적으로 많은 다리가 설치되어 있다.

첫 번째 다리는 이름으로도 확인되는 '신안 1교'다. 신안의 중부권 섬인 안좌면에서 팔금면을 연결하는 지방교로 특정 지역 개발계획에 의해 1990년에 개통되었는데 지방도 805번을 연결하는 다리다.

신안의 두 번째 다리는 자은도와 암태도를 연결하는 은암대교로 1996년에 준공되었다. 세 번째 다리는 지도읍과 사옥도를 연결하는 사옥대교(지도대교)로 2005년에 개통되었다. 다리 3개 모두 지방

도 805번 도로로 전라남도 영광군 영광읍 단주사거리와 신안군 장
산면 오음리를 연결하는 도로지만 아직도 신안군 일부 지역이 연결
되지 않고 있다.

　우리나라 서남쪽의 관문을 여는 대교 '서남문대교'는 2번 국도를
연결하는 국교國橋로 이세돌의 고향인 바둑 섬 비금도와 수국축제의
섬 도초도를 연결하며 1996년도에 개통하였다
　암태도와 압해도를 연결하는 '천사대교'는 2번 국도(신안−부산)를
연결하는 7.2㎞도로로 공사 기간만 10년이 걸렸고, 총 5,814억 원

과 약 80만 명이 투입됐다.

천사대교는 주탑에 설치된 쇠줄로 상판을 지탱하는 방식인 사장교와 주탑과 주탑에 연결된 쇠줄에 다시 수직으로 쇠줄을 연결하여 상판을 유지하는 현수교, 그리고 접속교 4개 등 총 6개의 교량으로 만들어져 우리나라에서 사장교와 현수교로 이루어진 유일한 다리이기도 하다. 사장교의 길이는 신안군을 상징하는 1004m로 설계되었으며, 사장교 고저주탑은 세계 최고 높이인 195m다. 천사대교 구간의 현수교도 세계 최초의 해협을 횡단하는 탑으로 주탑 높이 164m를 자랑하고 있다.

바다 위에 설치된 다리인 데다 바다가 해상교통로이기에 다리 밑으로 많은 배가 드나들 수 있도록 하였는데 천사대교의 사장교 구간에는 40m 높이의 5천 톤급 선박이 통행 가능하며, 현수교 구간에는 65m의 32만 톤급 선박이 통행 가능하도록 만들어졌다.

천사대교는 30대 선도프로젝트 국책사업으로 선정되어 2019년에 준공되었고, 삼도대교(하의도 봉도리와 신의도 하태서리)와 추포대교(추포도–암태도), 그리고 압해대교(목포–압해)는 신안에서 부산(옛 부산시청)까지 왕래하는 한반도 동서를 가로지르는 도로로 국도 2번 도로를 연결하는 다리다.

'김대중대교'는 부산과 남해안, 서해안을 거쳐 인천을 연결하는

압해도와 암태도를 연결하는 천사대교 야경

압해도와 암태도를 연결하는 천사대교 주경

국도 2번 도로를 연결하는 삼도대교

국도 2번 도로를 연결하는 추포대교

국도 77번 도로로 압해도와 무안군 운남면을 연결하는 다리다. 공사 기간은 10년이며 다리 이름은 무안군의 '운남대교'와 신안군의 '신안대교'로 팽팽히 맞섰으나 결국 김대중대교로 확정되었는데, 사회간접자본시설에 정치인의 이름이 붙여진 우리나라의 최초의 다리다.

'임자대교'는 신안부터 울산까지 연결하는 국도 24번 도로가 연결되는 사업으로 2021년 개통되었다.

'자라대교'는 성장촉진지역개발사업으로 805번 지방도로인 장산도와 영광을 연결하는 도로로 복호도와 자라도를 연결하였다.

장산도와 영광을 연결하는 자라대교

   '지도대교'(지도-사옥도)와 '중앙대교'(팔금도-암태도)를 연결하는 다리는 교통소통대책과 개발촉진지구 사업으로 805번 지방도를 연결하였다.

   우리나라 국도와 지방도가 모두 연결된 것은 아니다. 신안의 경

2부_ 신안의 혁명

우도 육지처럼 국도와 지방도가 있으나 바다로 단절되어 있다. 국도는 국가적 차원에서, 지방도는 광역자치단체 차원에서 관리하며 연결해야 하는데도 투자 대비 비용편익 분석이 높지 않다는 이유로 예산 편성에서 늘 밀렸던 것이다.

신안의 다리들은 우리나라 다리 공사 기법의 박람회장 같다. 여수와 광양을 잇는 이순신대교와 같은 공법인 현수교와 서해대교와 광안대교, 영종대교처럼 경사면 쇠줄이 상판을 지탱하는 사장교가 대표적이다. 이 외에도 콘크리트 동바리(PSC 박스 거더교) 공법, 주경간은 무지개다리(닐센아치교), 보조경간은 철제(스틸 BOX교)로 이루어진 다리, 아치교 등 우리나라 대교를 공사하는 다양한 공법을 적용하어 다리 위와 바다로 통행하는 교통편과 시설을 관리하는 데 따른 전문성과 인력이 필요하다.

섬과 섬을 연결하는 신안의 다리는 여느 육지 다리와는 달리 섬 사람들의 한을 풀어내는 수단이기도 하고 방문하는 육지 사람에게는 휴식과 재충전의 공간이기도 하다.

신안군은 74개의 유인도를 관리해야 하는 특수성이 있다. 섬에 거주하는 주민의 기본권을 보장하고, 떠나는 섬에서 가고 싶은 섬으로, 기후 위기를 넘어 지속가능한 섬으로의 전환 등을 추진한다.

그러므로 여느 지방자치단체와는 다르게 현장에 바로 투입할 수 있는 기술직렬 중심의 특별한 인사정책을 추진하고 있다.

이를 위해 14년간 행정직을 한 명도 채용하지 않는 전국 243개 지방정부 중 유일한 선례를 남기고 있다.

현존하는 최고의 유적지가 되다

섬은 외부와의 교류를 통해 경제적 활동을 추구하며 삶을 유지하고 향상시켰다. 특히 자급자족이 어려운 섬은 더욱 그렇다.

성인이 된 후 섬을 조금씩 알아가면서 섬은 문명 교류의 장이라는 것을 이해하게 되었다. 여느 문화가 그렇듯 섬 역시 외부 문명과 교류하면서 기존 문명이 유지되기도, 소멸되기도 하고 또 두 문명의 결합으로 새로운 문명으로 태어나는 역동적인 공간이다.

내 고향 섬에만 있는 줄 알았던 정낭(제주형 대문)과 정주석(제주형 대문 기둥)이 동남아시아 지역에 흩어져 있고, 고려와 원나라가 섬 제주를 지배하기 위해 탐라총관부를 두고 신경전을 펼쳤으며, 원나라의 달달천왕과 양왕의 아들 백백태자가 제주에서 유배 생활을 하며 대륙의 문명을 제주에 접목했을 것이다.

임진년부터 발생한 7년 전쟁(임진왜란~정유재란)에서 조선을 구하고 왕이 된 광해군光海君 이혼李琿, 조선말 개화파 학자였던 운양雲養

김윤식金允植, 조광조와 개혁을 추진하다 사사당한 충암沖庵 김정金淨, 호가 100개가 넘는 금석학자이자 서예가인 김정희金正喜 등은 조선의 지배 사상과 신진사대부의 문명을 섬 제주에 심어놓았을 것이다.

동인도회사의 직원 하멜Hendrik Hamel(네덜란드 상선 스패로 호크Sparrow Hawk호의 서기) 등을 통해 유럽의 문명이 전파되었으며, 조선말 어지러운 시기 보국안민輔國安民의 깃발을 들었던 동학의 정신도 섬 제주에 깃들었다.

조선의 초기 섬 정책 중 하나인 공도空島(섬에 거주하는 사람을 육지로 강제 이주시켜 섬을 비움)라는 제도가 시행되기 전까지, 그리고 조선과 일본, 명나라 간 7년 전쟁으로 느슨해진 공도정책에 의해 섬은 개방되어 사람들이 거주했다.

신안의 작은 섬들은 자급자족이 어려웠고, 육상과 해상에서 얻은 생산물 교환을 통해 생존해야 했다. 즉 섬은 교류가 당연한 명제이며 교류는 폐쇄성이 아닌 개방성을, 그리고 여러 문화를 함께 나누는 다문화성을 간직하고 있는 것이다.

한반도에서 가장 많은 섬이 모여 있는 신안의 역사도 섬의 수만큼이나 다채롭다. 양반의 역사만이 아닌 민초들의 역사도 있고, 지배자와 피지배자의 역사도 있으며, 섬을 지키기 위한 치열하게 싸운 전쟁의 역사도 묻혀 있다. 그리고 태풍이라는 엄청난 자연의 위력에 적응하기 위한 치열한 생존의 역사도 살아 있다. 특히 유배 역사는 지배 세력의 사상을 넘는 새로운 정신을 담고 있기도 하다.

조선 시대 섬으로 간 정치인(선비)들은 절해고도絶海孤島에서의 고단함을 극복하는 낙樂으로 학문과 문예를 통한 학예일치 활동을 했을 것이다. 학문했던 선비는 절해고도에서도 붓을 놓지 않았고, 목숨을 걸고 행한 사상과 철학은 섬사람들을 통해 섬의 정신으로 자리매김하게 된다.

섬 제주에서 김정희金正喜의 추사체와 우선藕船 이상적李尙迪에게 선물한 〈세한도歲寒圖〉(국보 제180호)가 태어났다면 신안의 섬 임자도에서는 조선 시서화詩書畵의 삼절三絶이자 묵장의 영수로 불리는 우봉又峰 조희룡趙熙龍의 〈홍매대련紅梅對聯〉(삼성미술관 리움 소장)과 〈묵죽도墨竹圖〉(국립중앙박물관 소장)가 태어났다.

조희룡(1789~1866)은 조선 제일의 매화 화가로 인정받고 있는데 63세의 늦은 나이에 임자도로 유배를 가게 되었다. 갈매기와 바닷소리, 그리고 태풍이 휘몰아치는 낯선 섬 이흑암리(당시 흑석촌)에서 만구음관萬鷗吟館(만 마리 갈매기가 우짖는 소리가 들리는 곳)이라 불리는 초가삼간 생활은 많은 문물이 다 모이는 한양과 너무 다른 세상이라 견디기가 매우 고단했을 것이다.

작은 섬에서의 먹거리는 한양의 것과는 도저히 비교할 수 없었다. 바닷가 유배지에서의 끼니는 직접 해결해야 했는데, 생존을 위

임자도 우봉 조희룡미술관

해 남쪽의 봄을 알리는 매화도를 그려 식량과 교환했다고 하니 가히 유배 생활의 고통이 상상이 간다.

예술은 그렇게 기존 생활공간으로부터의 고립에 따른 외로움과 가족들에 대한 그리움, 그리고 학문과 정치를 논했던 동료 관료들에 대한 배신감과 분노, 증오를 이겨내기 위한 자신과의 싸움 과정에서 완성되었다.

유배객들은 소용돌이치는 감정을 추슬러 평상심을 되찾은 후 주민들과 어울려 이웃이 되고 주민들의 삶과 함께하면서 용난굴의 전설, 그리고 태풍과 용오름(소용돌이, Water Spout, Tornado) 등 자연의 위대함을 깨닫고 이에 대한 경외감敬畏感으로 새로운 예술의 세계를 시도하면서 〈홍매대련〉 같은 작품을 탄생시켰다. 임자도에서 탄생한 〈홍매대련〉은 우봉의 대표작 중 하나로 "물을 박차고 승천하는 용이 몸부림치는 듯하고, 붉은 꽃은 온몸의 기를 분출할 듯 불꽃 같은 형상"이라 표현했다.

신안군은 우봉 선생의 홍매화를 매개로 하여 임자도를 홍매화의 섬으로 가꾸는 것을 목표로 100년이 넘은 조선 홍매화 1,340주를 김주성 씨로부터 기증받아 옮겨 심어 선비의 향기를 풍기고 있다.

정약전의 《자산어보玆山魚譜》와 문순득의 《표류사》 역시 분노와 외로움을 이겨내고 주민과 하나가 되었을 때 한양의 학문과 섬의 문화가 만나 이루어낸 작품이라 볼 수 있다. 특히 흑산도黑山島 근처는 서해안의 한류와 남해안의 난류, 중국 대륙에서 흘러나오는 연안류 등이 만나 어족이 풍부하니 실학자 정약전으로 하여금 조선 최고의 어류백과사전이 태어날 수 있게 했다.

조선인이 쓴 중국의 3대 표해록 중 하나인 《표해시말漂海始末》은 홍어 장수 문순득이 오키나와 류쿠국, 규슈 일본국, 루손의 필리핀국, 마카오와 베이징 등 5년 동안 표류한 기록으로, 정약전이 흑산도 사람들과 동화同化되어 가는 과정에서 태어났다는 것을 의미한다.

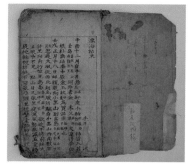

《표해시말漂海始末》

우이도 문순득 동상

우봉의 대표작 〈홍매대련〉

흑산도 상라산성(남동벽)

　역사를 조금 더 거슬러 올라가면 산성과 고분에서 신안의 또 다른 역동성을 확인할 수 있다. 흑산도 상라산에 있는 상라산성은 반달처럼 생겼다 하여 반월성牛月城으로도 불리는데 남북국(발해와 통일신라, 698~900) 시대 바다의 왕으로 불리던 장보고가 활동하던 당시에 축조되어 고려 말 왜구(해적)를 방어하는 데 사용되었다. 인근 당나라로 이동하는 유학생들이 머물렀던 사찰로 추청되는 무심사 터가 있는 것으로 보아 신안은 중국을 오가는 중요 통로였으며 동아시아 지역의 중간 거점지로 그 위상을 추측할 수 있다.

신안해저발굴 기념비

신안해저발굴 기념비에서 본 신안 해저 발굴 유역

비금도 성치산성 북쪽 성벽 잔존부

　　1976년부터 1984년까지 11차례 발굴조사 및 바닷속 인양 작업을 진행했던 신안해저유물발굴은 세계를 놀라게 하였다. 동아시아 해로상 거점지로서 역할도 있었다고 볼 수 있다. 신안의 증도 앞바다에서 발굴된 도자기만 20,661점, 동전류 28톤, 금속 제품 729점, 자단목 1,107점 등 엄청난 양의 유물은 목포에 국립해양문화재연구소(당시 국립해양유물보존처리소)라는 조직을 신설·운영하는 동력이 되었다.

　　압해押海도의 송공산성도 남북국 시대 장보고에 이어 후삼국 시대 왕건의 경쟁 상대였던 수달장군 능창의 주 활동 무대였으며, 대

려몽對麗蒙 항쟁 시기인 1255년 원나라 장수 차라대車羅大와의 해상전투에서 대승한 것으로 기록되고 있다.

6국 시대(부여, 고구려, 백제, 신라, 가야, 탐라)에 축성되어 조선 7년 전쟁에 보강되었던 장산도의 대성산성, 고려 시대에 축성되고 일제 강점기 일본 해군의 포대가 설치되었던 비금도의 성치산성, 7년 전쟁 때 왜구가 머물렀다는 신의도의 안산성과 조선 시대에 조성된 임자도의 대둔산성, 자은도의 구영산성 등은 한반도의 격동적인 시대를 관통한 흔적들이 배어 있다.

안좌도 배널리 고분

고분 안에서 발굴된 유물

백제 시기의 고분들도 존재한다. 안좌도 읍동리에 있는 백제식 돌무덤 외에 배널리에 있는 고분에서는 투구와 갑옷, 칼, 창, 화살촉 등이 출토되어 6국 시대 신안의 섬의 위상을 추론할 수 있다. 장산도 도창리의 고분은 길이가 18m, 너비 20m, 높이가 2.8m로 6~7세기 초에 축조된 것으로 추정하고 있고, 신의도에 있는 4개군에 38개의 고분과 도창리 고분 등은 백제권 문화 고분들이 발굴되었다.

청동기 시대의 상징물인 고인돌도 많다. 고인돌에 대한 여러 가

압해도 동서리 선돌

지 가설들이 있으나 빙하기와 해빙기 사이에 조성되었을 가능성도 있다. 흑산도 진리의 칠락산^{七落山} 인근에 있는 일곱 개의 지석묘^{支石墓}, 안좌도 방월리의 칠성바위 및 지석묘군, 장산도 대리 7기의 지석묘 등은 항해 시 중요한 역할을 한 북두칠성의 일곱 개 별자리와도 관계가 있다.

압해읍 동서리 도찰마을의 선돌^{立石}은 높이가 4.8m, 둘레 1m, 두께 0.5m로 선사시대 고인돌과 함께 거석문화의 일종으로 해석되고 있고, 도초도 외남리 와상마을 석장승과 수항리 궁항석장승, 월포마을 대장군 장승 등을 통해 신안의 섬들이 가지고 있는 인류사적 역동성을 확인할 수 있다. 이러한 역동성 덕분인지 신안군에는 대한민국을 대표하는 유명 인사들이 많이 배출되었다.

한국인 최초로 노벨평화상을 수상한 김대중 대통령은 신안군 하의도 출신이며, 한국 추상미술의 선구자이자 한국 최고의 화가로 평가받는 수화 김환기 화백은 신안군 안좌도 출신이다. 그리고 알파고와 바둑 경기로 인공지능 시대의 개막을 알린 천재 바둑기사 이세돌은 신안군 비금도 출신이다.

현대사에 기록되고 있는 인물 중에는 대한민국 상해임시정부 의정원 의원과 신간회 중앙대표로 활동했던 포양 장병준 선생, 한국

국립해양문화재연구소 신안해저유물특별전

인 최초 국제영화제에서 수상한 강대진 감독, 우리나라 시조창의
마지막 명인 손한솔, 신의도의 1세대 민중미술가 홍성담, 권투선수
에서 가극Opera 가수로 활동하는 가거도의 조용갑, 장산도 출신의
원불교 종법사인 경산 장응철 등의 인물을 배출했다.

섬은 개방성과 역동성을 가지고 있다. 신안의 섬들은 시기마다
생존을 위해 치열한 싸움을 하면서 섬의 정신을 형성했고, 18세기
부터 20세기 격동기에는 이미 형성된 섬 문화와 유입되는 문화 속
에서 새로운 섬의 문화를 창조해냈다.

신안은 자산문학관, 조희룡과 김환기 미술관, 천사상 미술관 및

2부_ 신안의 혁명

동아시아 인권 평화 미술관, 이세돌 바둑기념관, 정약전의 사촌서당과 유배문화공원 등을 조성하면서 과거 해양도서로서의 위상을 발굴하면서 새로운 미래를 준비하고 있다.

신안군은 군부독재 시절에 국가가 모두 가져가 버린 신안해저유물 보관처인 국립해양문화재연구소와의 협의를 통해 발굴지인 신안에 유물을 일부 이관하거나 무상 대여 등의 형식을 통해 해양도시로서의 위상을 찾는 데에도 힘을 모으는 중이다.

섬.

21세기 신안은 섬 밖 사람들이 섬을 방문할 수밖에 없도록 끌어당긴다. 오래전 자발적이고 강제적으로 섬에 모여든 사람들이 주고받는 쌍방향 관계에서 새로운 문화를 창조했듯이 신안은 새로운 시대전환을 위한 혁명을 준비하고 있다.

참고문헌

1부 신안의 생명

•••••• 첫 번째 이야기

권민철 특파원, 노컷뉴스 워싱턴CBS, 美언론 신안 '반월도' 조명… "위험한, 아름다운", 2021.02.20.

국립수목원 국가생물종지식정보시스템, 식물자원/식물도감

김민수(아볼타), 알록달록 병풍도의 가을꽃 축제, 브런치스토리, 〈트래비〉 매거진, 2022.11.08.

김병희, 김신동, 홍경수 공저, 《보랏빛 섬이 온다》. 학지사. 2022

박모예, 홍도2구, 대담, 홍도2구 원추리 식재 현장, 2023.10.18.

박상수, 뉴시스, 한국관광공사, '신안 퍼플섬, 11월 가볼 만한 곳' 선정. 22.10.25.

양혁, 머스트뉴스, 동백박물관 카멜리아힐, 2022.02.09.

유홍준, 추사 김정희, 창비, 2018.

윤태억, 모닝뉴스, 윤태억의 나무 이야기-부들레야(Buddleja), 2015.07.15.

위키백과, 부들레야, 검색일 2023.08.01.

장상순, 전 반월, 박지도 가고 싶은 섬 추진위원장, 취재, 반월도, 2023.06.25.

정숙애, 문화관광해설사, 취재, 병풍도, 2022.11.28.

홍기철, 머니에스, '보랏빛 성지' 신안 퍼플섬, 세계 관광명소 됐다, 2020.09.01.

황윤정, 김도희, 연합뉴스, [영상] 외신도 반했다…"원더풀! 신안 퍼플섬",
    2021.02.23.

●●●●●● 두 번째 이야기

김영근, 전 이장, 취재, 2023.08.06.

김현석, 신안군청 작은섬정원 과장, 취재, 2023.08.05.

신안군청, 순례자의 섬 기점 소악도 건축미술, 2020.

신안군청, 신안 여행을 위한 문화관광 안내, 2019

신안군청, 제3회 지방시대 워크샵, 2023.02~03.

양정우, 연합뉴스, 한해 5만 명 찾는 신안 '기적의 순례길'…종교갈등 불씨 되
    나, 2022.09.14.

윤미숙, 《어딘가에는 살고 싶은 바다》, 섬마을이 있다. (주)남해의봄날, 2023.

이영애 외 3, 작은 섬(퍼플섬 등) 개발에 따른 지역경제 효과분석, 지방자치연
    구소(주).

●●●●●● 세 번째 이야기

디지털미추홀구 문화대전, 짠물 이야기, 주안 염전, 검색일, 2023.11.28.

배민식, 〈천일염 산업의 현황과 발전 방안〉, 국회입법조사처, 2010, NARS 현

안 보고서 제107호

신안군청, 국가중요어업유산지정신청서, 2016. 목포대학교 산학협력단

양호철 외 13, 전남산 천일염의 특성, 전남보건환경연구원보, 2007.

우수천일염 인증업체 현황, 해양수산부 국립수산물품질관리원, 검색일
    2023.12.08.

유창호, 일제강점기 인천의 염업과 소금의 진화, 인천대학교 인천학연구원
    2015년도 12월 월례 세미나

인천시, 네이버 포스트, 우리가 몰랐던 첫 번째 인천, 주안염전, 2023.11.07.

천일염 생산량 통계, 대한염업조합, 2022.

한재환, 최병옥, 〈천일염 산업의 현황과 정책과제〉, 한국농촌경제연구원, 2010,

•••••• 네 번째 이야기

강석기, 사이언스타임즈, '지구생물량 중 인간이 차지하는 비율은', 2018.06.29.

국립수목원 국립생물종지식정보시스템

김대환, 전 도초면 부면장, 취재, 도초도, 비금도, 2023.04.28.

김범수, 세계일보, 文정부 온실가스 감축 목표 '과속' 논란, 2023.03.13

박솔잎, (주)문화방송, 12엠비시뉴스, 영국 이어 미국도 철수 결정··잼버리 파
    행, 2023.08.05.

박진우, 《정책이 만든 가치》, 모아북스, 2022.

법제처 국가법령정보센터, 「수목원 · 정원의 조성 및 진흥에 관한 법률」

신안군청, 100섬 신안 위대한 도전, 2023.

신안군청, 신안여행을 위한 문화관광 안내, 2019

이기진, 동아일보, "산림은 기후변화 백신"… 산림청, 2050년까지 30억 그루
    심는다, 2021.01.25.

장유, 신안군청 정원산업팀장, 취재, 신안군청 정원산림과, 2023. 04. 26., 06. 15.

정대연, 경향신문, 문 대통령 "온실가스 감축 목표, 우리 여건에서 최대한으로 설정하라", 2021.09.02.

티스토리(tistory), 박물관을 찾아서, 검색일 2023. 07. 20.

한국민족문화대백과사전, 신안해저유물, 검색일 2023.07.20.

●●●●●● **다섯 번째 이야기**

박종혁, 신안방송코리아1, 흑산도 '철새 중간기착지' 확대 · 조성, 2022.03.31.

송옥진, 한국일보, 봄바람 타고 흑산도에 왔나… 국내 유일 흰꼬리유리딱새 발견, 2021.05.11.

조근영, 연합뉴스, '철새 중간 기착지' 신안 흑산도에 새공예박물관 문 열어, 2021-09-07.

우암 박용규, 화백, 대담, 저녁노을미술관, 2023.04.13., 04.26.

이용민, 충청일보, 백제의 멋 '검이불루 화이불치' 즐겨요, 2023.07.05.

임양수, 관장, 대담, 땅끝해남자연사박물관, 2023.04.29.

원수칠, 수석박물관장, 대담, 수석박물관, 2023. 04.07, 04.25.

신안군청(섬발전진흥과), 제3회 지방시대 워크샵, 2023.02.02.~20.03.

신안군청, 신안 여행을 위한 문화관광안내책(가이드북), 2019.

신안군청, 철새박물관 해설자료, 2023.08.17.

●●●●●● **여섯 번째 이야기**

고경남, 신안군청 세계유산과장, 취재, 2023.08.20.

김종성, 매일경제, [매경춘추] K-갯벌의 가치, 2023.08.07.

나무위키, 갯벌, 검색일. 2023.07.31.

이예인, '블루 카본'(Blue Carbon) 갯벌의 가치 '더 나은 세계, SDGs', 2022.07.18.

안광호, 경향신문, "갯벌을 늘려라" 유네스코와의 약속 지킬 수 있을까, 2023.07.24.

조근영, 연합뉴스, 신안 무인도서 한국 특산종 '홍도서덜취' 50개체 발견, 2020.10.28.

장영종, 박종수, 이진실, 이지연, 최병희. 2021. 홍도 관속식물상 재검토. 식물분류학회지. 51(3).

허북구, 전남인터넷신문, 신안군 홍도 사람들과 함께 살아온 홍도원추리의 가치, 2020.08.04.

2부 신안의 혁명

•••••• 일곱 번째 이야기

김남수, 한겨레21, 염전 지키거나 태양광 가거나…선택 다른 까닭은, 2023.08.11.

김대인, 〈신·재생에너지 개발사업상 이익공유화제도의 법적 성질 및 활성화 방안〉, 환경법연구 제40권 제2호, 2018.

김영태, 중앙일보 조인스랜드, 꼬마 태양광 발전소, 투기꾼 놀이터 되나, 2018.02.26.

박영철, 신안군청 전 지역경제과장, 대담, (사)신안부유식풍력산업협회 사무
실, 2023.08.22.

전재경, 뉴스토마토, 재생에너지의 명암과 이익공유, 2021.01.18.

정용배, 목사, 대담, 안좌면 읍동리, 2023.08.19.

홍일갑, 전남일보, 신재생에너지 · 섬 데이터 중심… '신안형 뉴딜' 이목,
2020.08.13.

신안군청, 신재생에너지 개발이익공유제 백서, 2022년

박두훈, 안좌면협동조합 사무국장, 취재, 안좌면 협동조합 사무실, 2022.11.30.

박기용, 한겨레, 퍼플섬 '햇빛 수당' 18살 미만에 40만 원씩…벌써 시작됐대!
2023.08.18.

선거관리위원회, 제8회 전국 동시 지방선거 당선인 공약, 검색일 2023.08.10.

신안군의회, 제272회 산업건설위원회 회의록, 2019.09.06.

전국지속가능발전협의회, 국가 지속가능발전지표(K-SDGs), 검색일
2023.08.10.

전원, 뉴스1, [재산공개] 전남 기초의원 최고 부자는 박용찬 의원…50억 6200
만 원, 2023.03.30.

제레미 리프킨Jeremy Rifkin, 《유러피언 드림*The European Dream*》, 민음사, 2009.

●●●●●● 여덟 번째 이야기

감사원, 법무담당관실, 정보공개 청구(접수번호, 11051165), 20230.08.08.

김대인, 신 · 재생에너지 개발사업상 이익공유화제도의 법적 성질 및 활성화방
안, 환경법연구 제40권 제2호, 2018.

김수종(가을하늘), 블로그, '신재생에너지 사업의 이익을 에너지 기업이 독점하
지 못하게 하고 주민들에게도 나누어 주도록' 2020.08.14.

박영철, 전 신안군청 지역경제과장, 대담, (사)신안군부유식풍력산업협회,
2023.08.22.

신안군청, 《신재생에너지 개발이익공유제 백서》, 2022년

임춘형, CBN 국회방송, 문 대통령, 농정틀 전환을 위한 2019 집단공개회의
Town Hall Meeting 보고대회, 2019.12.13.

조근영, 연합뉴스, 신안군 '신·재생에너지 이익 주민공유제' 화제…대통령도
언급, 2019.12.18.

•••••• 아홉 번째 이야기

김윤배, 섬 주민의 이동권 강화를 위한 여객선 공영제 조기 실현, 2022년
'국회 섬발전연구회' 토론회 자료, 국회섬발전연구회, 한국섬진흥원,
2022.08.16.

김주현, 전국매일신문, [10년 전 그날] 교통카드 한 장으로 전국 누빈다,
2023.09.30.

김태일, 섬 주민의 이동권 강화를 위한 정책, 2022년 '국회 섬발전연구회' 토론
회 자료, 국회섬발전연구회, 한국섬진흥원, 2022.08.16.

노창균, 연안여객선 공영제 도입, 관련 제도 정비, 2022년 '국회 섬발전연구회'
토론회 자료, 국회섬발전연구회, 한국섬진흥원, 2022.08.16.

나비스(NAVIS, 문성주), 섬과 육지의 불균형 해소 첫걸음은 여객선 공영제로,
검색일 2023.07.16.

어민신문, 여객선 공영제 조기 도입 필요하다. 2022.09.16.

최운용, 뉴시스, 통영의회, 여객선 야간운항 제안, 2007.07.23.

•••••• 열 번째 이야기

신안군, (사)신안군농민운동기념사업회, 신안군 항일농민 운동사, 2022

장상현, 광장21, [장상현의 '고전의 향기'] 若無湖南 是無國家也(약무호남 시
　　　무국가야), 2023.01.31.

정지승, 오마이뉴스, 완도 당사도 등대 습격사건, 우리는 무엇을 기억하는가,
　　　2021.06.18.

최준호, 뉴스진도, 진도 동학농민운동의 뿌리와 흔적을 찾다. 2022.05.17.

친일인명사전, 민족문제연구소, 2009. 11

표명석, 취재, 2023.10.17.

한국농촌경제연구원(2003), 〈한국 농촌사회의 변화와 발전 : 한국 농업·농촌
　　　100년사〉 논문집 제2집,

한권, 제민일보, 제주 독립유공자 발굴 시민사회단체 힘 모은다, 2019.04.11

홍윤표, 오센(OSEN), [단독]'호남 항일의병장들의 기록물'《남한폭도대토벌기
　　　념사진첩》 원본 사진,, 2023.02.13.

•••••• 열한 번째 이야기

김우관, 남도일보, '서해안 관문' 연륙·연도사업, 2018.10.14.

박상수, 뉴시스, 신안군, 방조제 547개 267km 보유..세계 최다·최장 길이,
　　　2021.06.25.

박수정, 신안군청 행정팀장, 취재, 신안군청, 2023.04.13.

서영서. 아시아경제, 신안군 "최장 길이 방조제, 유지관리 한계에 부딪힐 것",
　　　2020.12.02.

신안군청(섬발전진흥과), 제3회 지방시대 워크샵, 2023.02.02.

이영희, 미디어이슈, 광양시, 개통 10주년 이순신대교 광양 랜드마크로 우뚝,

2023.04.11.

조근영, 연합뉴스, 신안군 "다도해 해안선 유실 실태조사", 2008.10.20.

홍석원, 쿠키뉴스, 김태흠 충남지사 인사 고충에 박우량 신안군수 "십분 공
감", 2023.02.21.

●●●●●● **열두 번째 이야기**

김승남, 아시아경제, 신안군, 원불교 교무초청 장산도 · 하의도, 2013.06.27

신안군청, 신안군 유배인 및 유배문화 연구용역, 2016, 목포대학교 도서문화
연구원

신안여행을 위한 문화관광 안내서, 신안군, 2019

최성환, 《천사섬 신안 섬사람 이야기》, 크레펀, 2014